序言

XU YAN

世间女子千千万，有人如萧红，爱得随性热烈，不加克制；有人如张爱玲，爱得沉默卑微，不遗余力；有人如陆小曼，爱得浪漫梦幻，不顾一切；有人如林徽因，爱得冷静隐忍，不失理智……

因为天真，庐隐爱上了已有妻室的郭梦良，胡蝶爱上了流连声色的林雪怀，周璇爱上了冷漠绝情的朱怀德，阮玲玉爱上了一事无成的张达民。

因为执着，赵一荻一生痴情只愿追随少帅，上官云珠一世多情只爱演艺事业。

这些民国女神不仅有着精彩的情感之路，事业上也都各有建树。论艺术成就，孟小冬当仁不让；论经商管理，张幼仪自有一套……

然而，心性的异同，造就了命运的异同。

每一个降临这世间的生命，绝不会承载着纯粹的幸与不幸。发生在各个角落的悲剧，有些是上天注定，有些则是由自身的性格、心态、选择而致。如果庐隐不那么盲目，如果陆小曼不那么任性，如果阮玲玉不那么软弱，那么她们的人生，也就多了一分幸运，少了一点悲哀。

也正是因为足够坚强，胡蝶才能越过一个又一个辛险的坎坷；因为足够勇敢，张幼仪才能在经历婚姻的惨痛失败后活出另一片天地；因为足够平和，林徽因才能在舆论的风口浪尖从容自我。

纵观十二位民国女神的一生，富贵荣华抑或穷困潦倒，芳名远扬抑或众人皆责，终究是要一个人来，一个人去的。且当自己是一株花吧，一季一季盛开，一次一次衰败，似乎我与这世界融为一体，又似乎这世界与我无关。

目录

MU
LU

PART 1

陆小曼

人生不是一场初见

人生有许多不同的阶段，每一个阶段都有着属于那个阶段的心情和喜好。倘若陆小曼先是遇上徐志摩，尝够了他的风流多情带来的苦果，了解到感觉终不如感情靠谱后，再遇到王赓，或许她也能洗净铅华，安心知足地做好王太太。

陆小曼 / 一道不可不看的风景

百年前有一位秀美多才的京城名媛，她被胡适评为“一道不可不看的风景”，却因为太过任性，一步步远离本属于她的安逸人生。有时候任性，往往会带来不幸，这道理若陆小曼懂，大可活出另一番精彩的风貌。可惜她不懂，又或许她根本就不需要懂。

自1903年11月7日出生的那一刻起，陆小曼便像是一颗掉进了蜜罐的玉坠子。那天是农历九月十九，按民间说法，这一天赶巧就是观音菩萨的生日，欣喜万分的陆家人给了这个女孩儿“小观音”的爱称。说来也奇，陆小曼的模样真不似寻常女子，宛若莲花，貌若天仙，只是静静地看着，也让人觉得妙不可言。

陆小曼的父亲陆定是国民党的高官，学识过人，地位甚高。母亲吴曼华是一位大家闺秀，能文能画气质不俗。在父贵母雅的家庭环境和教育下，陆小曼也耳濡目染地习得众多才艺，骨子里透着浓郁的文艺气息。与别家闺秀不同的是，父母对陆小曼的宠爱，又宠出了她自我意识强烈的个性。

吴曼华所生的九个孩子中，唯独陆小曼一人活了下来，还活得身娇体弱。一个娇滴滴弱怏怏的独苗，怎叫父母不宠爱？所以人生早期，陆小曼几乎是过着有求必应的生活，爱玩儿便任她玩儿，爱闹便由她闹，有时被气急的父亲打了几巴掌，疼归疼，也不计较，仍是自顾自玩乐去。从生活到学业，从学业到婚姻，大事小事父母就算起初不情愿，最后也还是纵容随她了。

在父母的宠溺下，陆小曼肆无忌惮地成长着，天性得到释放，天分也充分得到发展，美中不足的是个性太强，过于感性和随性。不过，这样的女孩，却又因其独特的性格十分招人喜爱。这样的陆小曼，在名媛的培养地——圣心学堂里注定要一展风华。她的落落大方，她的贵气雅致，她的冰雪聪明，无一不为她的魅力加分，让她成为了圣心学堂男慕女仿的对象。

十八岁的陆小曼，姿态从容地流连于上流社会社交圈，以势不可挡的气场成为名噪一时的京都名媛，追求者大有人在。男人多爱美女，但未能对乏味的花瓶长时间感兴趣。“乏味”“单调”这类的词汇在陆小曼的词典里是没有的。她随和开朗，却深谙社交场上那一套，她能在钢琴上弹下一段优美的旋律；她能在素纸上描出一幅灵动的图画；她能信手拈来好词好句好文章；就连模样也是俏丽中带点魅惑，招人艳羡，身段却又娇小瘦弱惹人垂怜……

京城的陆小曼，上海的唐瑛，各为当地社交名媛中的佼佼者，于是坊间便传出了“南唐北陆”的说法。陆家有女如斯，男人们向往垂涎是合情合理的，父母自豪之余更多了一份担忧。母亲吴曼华替陆小曼把起关来，那些挤破脑袋的豪门子弟达官贵人们她一个也瞧不上，倒是唐在礼夫妇推荐过来的王赓，却让她犹如大海里捞到针似的满心欢喜起来。

年轻俊朗的王赓不仅有模有样，学历事业哪一样都是稳稳当当的优胜者。1911年清华毕业后被保送至美国，足迹遍布密西根大学、哥伦比亚大学和普林斯顿大学。1915年，王赓于普林斯顿大学修完文学后转入西点军校，并以优异的成绩从西点学校毕业。回国后供职陆军部，1921年，年仅二十六岁的王赓，就已成为陆军上校。

那时的婚姻大事，儿女中不中意不算数，只要父母挑到中意的儿媳妇和女婿，便可着手包办婚事了。陆小曼与王赓从订婚到结婚，只用了短短一个月的时间。1922年10月10日，两人于北京金鱼胡同海军联欢社举行了轰动全城的婚礼。成为王太太的陆小曼说不上多高兴或多难过，十九岁的女孩懵懵懂懂地做了人妻，她曾说："婚后一年多才稍懂人事，明白两性的结合不是可以随便听凭别人安排的，在性情和思想上不能相谋而勉强结合是人世间最痛苦的一件事。"

这桩婚姻，父母相当满意，陆小曼却越发失望。这并非陆家一个特例，这样的情况实在是多如牛毛，往往父母看上的女儿看不上，女儿喜欢的父母不喜欢。女人年轻时，尤其是做母亲以前，比较依赖感情相信感觉，爱幻想爱做梦，只在乎当下一点儿情情爱爱，想不了长远的是是非非。

父母早已过了"有情饮水饱"的年纪，明白相处的不易、生活的艰辛，感觉这回事，太悬、太不靠谱。女儿要的是来电，父母要的是踏实，而通常较为踏实的男人又不太会向女人放电，两方中意的人选自然出了偏差。

王赓这样的男人，适合结婚，不适合恋爱。然而陆小曼还未尝到恋爱的滋味就嫁给了他，短暂的蜜月之后乏味孤独的生活让她寂寞难耐。王赓是个好丈夫，但陆小曼需要的，是个好情人。他对待感情含蓄深沉，做起事来有板有眼，为人处世循规蹈矩，这样的丈夫，给不了陆小曼惊喜、浪漫和触电般的爱情。

丈夫平常公务繁忙，休息日又要养精蓄锐为下一周的工作做准备，夫妻二人相处时间极少，得不到愉快陪伴和良好沟通的妻子，精神世界意料之中地空虚起来。埋头拼事业的王赓不明白妻子为何如此热爱五光十色华而不实的交际夜生活，正如夜夜笙歌的陆小曼不明白丈夫为何如此执着于枯燥烦闷死气沉沉的工作一样，谁也走不进谁的心里，谁也懂不了谁的痛苦。久而久之，看不顺眼便不再隐忍退让，两人不是大吵大闹就是怄气沉默，本就不多的温存爱意也被一系列的争执消磨殆尽。

寻一场旷世之恋

1924年夏天，才貌双全的名媛陆小曼与风流多情的才子徐志摩，在北京西单石虎胡同里成立的新月社里相遇了。在一出《春香闹学》的剧目中，陆小曼与徐志摩分别扮演男女主角，二人因戏生情，这一演，就演出了久旱逢甘霖的罗曼蒂克史来。

徐志摩在《翡冷翠的一夜》里写道：

爱，你永远是我头顶的一颗明星……

只有这样一个不愿停歇追求爱与激情的脚步的男人，才能让陆小曼在给他的情书里写下这样一句话：

自从见着你，我才像乌云里见了青天……

一个是与前妻离婚一年左右的英俊诗人，一个是结婚不满一年的美丽少妇，二人在性情和思想上都如陆小曼所愿地不谋而合，难免燃出了相见恨晚惺惺相惜之感。演出过后，两人越走越近，关系越来越亲，常常出双入对。加之从事军职的王赓与文人徐志摩同为梁启超的学生，大相径庭的性格并不妨碍两人成为朋友，最初徐志摩是邀请王赓夫妇一同游玩，可王赓公务缠身，便让妻子陆小曼单独陪他，而陆小曼想有人伴着玩时，他也会叫徐志摩来陪她。一来二去，日久生情也是水到渠成的事了。

想要维护一段感情还真是难，女人得“防火防盗防闺蜜”，男人得“防爆防抢防兄弟”，然而，王赓和陆小曼的结合，两人性格上的极大反差，或许注定这桩婚姻的破裂在所难免。徐志摩的介入只是外因，内因在于他们自身。就算当初在《春香闹学》中扮演老学究的不是徐志摩，而是另外一位风流多情的才子，陆小曼还是会被这样的男人吸引的。

也许那个年纪的女人，渴望的爱情只有那一类男人给得了吧。徐志摩这类男人，不仅会爱而且会表达爱，会用情会调情会痴情，

了很久，如果你认为和我在一起生活已经没有乐趣可言，只有和徐志摩在一起才能得到幸福的话，我愿意离婚。”

说出这样一番话，做出这样一个决定，王赓的确够大气。即使有苦难言，但他别无选择。不善表达的他，不像徐志摩，会作诗来告诉全世界自己有多爱多伤多痛多不堪，这滋味他独自消受便是了，用不着秀给大家观望。人前笑得没心没肺，人后痛得撕心裂肺，这样不说不露的苦，往往才是最苦的。

虽然王赓同意离婚，但对陆小曼而言，这个婚离得并不顺心，因为结婚几年都未怀孕的她，肚子偏偏在本该挥别说再见的时候有了动静。在陆小曼心里，她与王赓的路早就走到头了，没了感情的男女何苦再受孩子的牵绊？她不顾母亲的劝阻，执意要将这个来得不是时候的孩子舍弃，瞒着王赓，瞒着徐志摩，带上两个女佣，找到一个德国医生堕了胎。这场失败的手术，不仅让陆小曼失去了肚子里的孩子，也永远地失去了做母亲的机会。

1925年年底，王赓在离婚协议上签字。离婚不久，公开恋情的陆小曼与徐志摩开始准备结婚。1926年，身处德国的张幼仪收到了徐志摩父母希望她马上回国的来信，而回国的目的，却是与他们一同商议徐志摩再婚一事。儿子再婚事宜都要前妻参与，可见张幼仪在徐父徐母心中的地位和分量，二老对儿子不甚满意，对这个曾经的儿媳却是赞不绝口。

张幼仪回到徐家，在徐志摩父亲徐申如的询问下回答她并不反对徐志摩再婚。儿子执意要再娶，前儿媳妇又不介意，徐申如心中虽百般不愿，也只得同意，并列下三条再婚条件：

结婚费用自理，家庭概不负担；

婚礼必须由胡适做介绍人，梁启超做证婚人，否则不予承认；

结婚后必须南归，安分守己过日子。

父亲既然松了口，不管什么条件，徐志摩定是要信誓旦旦地答应下来的。1926年8月14日，农历七夕节，陆小曼与徐志摩在北京北海公园订婚。同年10月3日，两人在北海公园的画舫斋举行婚礼。婚礼现场冷冷清清，没有热闹的亲友祝福，没有丰盛的酒宴，连新人双方的父母都未出席。几副对联、几盘糖果、为数不多的来宾，见证了一场不被众人接受和祝福的结婚仪式。

不被祝福的婚姻

尽管人活一世要尽量遵照自己内心的想法而活，不能事事听信在意他人，但感情方面，通常情况下不被看好的恋爱和婚姻，也难得到好结果。徐志摩的恩师梁启超，是这场婚礼上唯一有地位有分量的来宾，作为证婚人，他一针见血的证婚词让在场所有人都震惊不已：“我来这里做这场婚礼的主婚人，我心里是一万个不愿意。徐志摩，你的离婚再娶，就是用情不专的证明。陆小曼，你和徐志摩都是过来人，希望你今后恪遵妇道。”

本应是一对新人幸福万分的时刻，梁启超的一番话却让他们无地自容尴尬至极。徐志摩低声恳求道：“请老师不要再讲下去了，顾全弟子一点面子吧。”梁启超不想再为难他，也就作罢：“总之，我希望这是你们两人最后一次结婚，这就是我的祝福。我说完了。”

尽管听到了这番尖刻的训斥和教诲，尽管这场婚礼草草收场，尽管两人都是第二次迈进婚姻殿堂，陆小曼和徐志摩内心依然欢天喜地。两人回到徐志摩的老家浙江省海宁县硖石镇，徐志摩的父母为他们准备了气派豪华的婚房，按理说陆小曼应该知足，可她内心的欢愉却消失了。因为她只坐上了扎着彩布和彩纸，由两个轿夫抬的彩轿子，而按传统的婚俗，头次结婚的女人能坐上由六个轿夫轮流着抬的大红花轿。陆小曼想坐大红花轿，可徐志摩的母亲坚决不同意，让她必须坐彩轿，不管陆小曼情不情愿，都得听从婆婆了。

大红花轿只有头婚的女人能坐，一辈子就一次机会，这是先辈们传下来的规矩，由不得哪一个女人任性。父母过于宠溺你其实是换个法子在害你，该遵循的规矩允许你打破，该懂的道理任由你不学，什么都随着你的性子来，出了家门入了社会，四海之内也就一个爹一个妈，其余人谁会无休无止地惯着你？脾气好的不惹事端忍让你几分，脾气不好的硬气起来你能拿人家怎么样？打小娇生惯养的陆小曼，若早明白这些规矩，也不至于这样委屈。到头来该吃的苦一口都不会少，反而还会变本加厉越发地多越发地难挨。

这不，苦头一样一样跟过来了。徐家以张幼仪与徐志摩离婚后觉得对她有所亏欠为由，二老认了张幼仪为干女儿，加之徐志摩与她生的儿子阿欢尚且年幼，需要母亲照顾，所以徐家单独给她留了一个房间。即便是离了婚，还能如此被公公婆婆喜欢和看重，可想而知，张幼仪有多懂礼数多会做人。好在张幼仪识大体，带着儿子阿欢去了北京，这场风波很快平息下来。陆小曼擅长与男人打交道，可与公婆的相处之道却是完败于张幼仪的。

陆小曼有徐志摩宠着，日子过得无比幸福，她曾这样描述婚后一段时日的感觉：“我们从此走入了天国，踏进了乐园，一回到家乡，度了几个月神仙般的生活。”

然而，徐家父母可一点儿都不称心。在他们眼里，这个儿媳妇着实太不懂事不成体统了。陆小曼时常毫不掩饰地在公婆面前秀恩爱，比如娇声嗲气地同徐志摩说话，或是撒娇让徐志摩抱她上楼，这些本该是夫妻之间私密的言语行为却在人前无所顾忌地表露出来，让徐家父母既难堪又心酸。他们原本就对陆小曼有成见，这样一来，理所当然更加不喜欢她了。以前的儿媳是那样地让人称心如意，却被儿子那般无情地对待；如今的儿媳，远远比不上温柔贤惠的张幼仪，怎么能让儿子猪油蒙了心似的做什么都心甘情愿呢？老两口儿心里特别不是滋味，于是他们一走了之，奔天津去了。

在张幼仪晚年口述的《小脚与西服》中，有这样一段描述：

> 徐志摩和陆小曼婚后大概过了一个月，我收到老爷和老太太从天津拍来的一封电报。我很讶异这对老人家竟然离我这么近，我还以为他们在硖石呢。电报说：“请携一佣来我们旅馆见。”我到天津以后，看到老爷和老太太非常懊恼的样子……

人无完人，陆小曼拥有了太多寻常女子所没有的美貌才华，却缺少了寻常女子所秉持的贤良淑德。她懂得男女情爱之道，却不懂得为人处世之道。且不说公婆本就对她有成见，就算原来很喜欢，也会因她的不懂礼数而反感。其实妻子背地里撒撒娇发发嗲，让丈夫背一背抱一抱，并不是很过分，有时反而会增进彼此之间的感情。可这些当着公婆的面做，就算是别无他意，对老人而言也会有几分挑衅的味道，辛辛苦苦养大的儿子，把你娶回家来，敢情还要上赶着伺候你了？初涉名媛圈时陆小曼情商并不低，嫁到徐家后做出这类举动，大概是被狂热甜蜜的爱情冲昏了头脑吧？只可惜这一昏，久久都清醒不过来了。

公婆离开后，没有了束缚的小两口万分自在。陆小曼没有焦急忙慌地寻找二老，没有低声下气地恳求他们回来，被娇纵惯了的她向来都是把自己的感受放在第一位，公婆走就走了吧，她和徐志摩开始安安心心享受起婚后的幸福生活。短暂的幸福时光飞快过去，1926年战火烧到浙江，逼近硖石，陆小曼与徐志摩不得不逃到上海躲避战乱。二人在上海租下豪宅，徐志摩在大学教书的同时还在继续创作诗歌，陆小曼醉心于交际花的身份，本性难改，频繁出入各种社交场所。

陆小曼是个文艺女青年，却不知事业可以文艺，爱情可以文艺，但生活却文艺不得。世间恐怕找不出一个不想有个贤惠妻子的男人了，徐志摩也不例外，他期望妻子能照料自己的饮食起居，让他能安心工作和写作，然而，这个不高的期望却落空了。频繁穿梭于社交圈的陆小曼非但没有时间照料家庭生活，还把大部分心思放到了如何追求高档物质享受上。比如，家里光是服侍她的佣人就得有十四个，看上的东西不管价格多昂贵也要收入囊中。

为了满足妻子的物质需求，徐志摩除了在东吴大学、上海法学院、南京中央大学等学校授课，课余时间还用各种力所能及的方式赚钱，譬如在《晨报副刊》做主编、写诗歌文章赚稿费、贩卖古董字画、做房地产中介，等等。这些营生使徐志摩当时的月收入达到将近一千银元，相比同时期在厦门大学任教的鲁迅每月工资高出了两倍多。

如果陆小曼改掉奢侈的习性，两个人的经济条件已经非常不错了。然而，尽管徐志摩已经做到了这个地步，仍旧无法满足欲壑难济南号飞机失事沪讯，机师两人殒命，徐志摩亦遇难。

三十四岁的徐志摩，留下了二十八岁的陆小曼，永远地离开了。1932年，徐志摩的追悼会在硖石召开，由于徐申如的阻止，陆小曼不得出席。从此，悔恨交加的陆小曼终于远离了繁华虚浮的社交场所，身着素衣，供着亡夫的遗像，无声地表达着她无处宣泄的思念和悔意。

在陆小曼的《哭摩》一文里，她字字含泪地写道：

我一定做一个你一向希望我所能成的一种人，我决心做人，我决心做一点认真的事业……

拥有时不知珍惜，失去后难免抱憾消沉，虽然决定洗心革面，但陆小曼还是花了很长的一段时间才从沉重的悲伤中走出来。

人生有许多不同的阶段，每一个阶段都有着属于那个阶段的心情和喜好。倘若陆小曼先是遇上徐志摩，尝够了他的风流多情带来的苦果，了解到感觉终不如感情靠谱后，再遇到王赓，或许她也能洗净铅华，安心知足地做好王太太。

无奈命运自有安排，在何时何地遇着某人，不是我们所能控制的，然而庆幸的是，对于用何种心情何等方式与之相处，我们还能够掌握。人们爱琢磨手相，可思来想去，事业线、婚姻线、生命线不都在自己手上？把拳头攥起，牢牢把握住自己拥有的一切和每一个能让自己更幸福的机会便是了。

或许是前半生享尽了清福，陆小曼的后半生才会如马拉松般疲億辛苦，饱受贫困和病痛的折磨。度过了徐志摩离世后的消沉期，陆小曼重拾画笔，潜心画画。三十四岁那年，陆小曼成为中国女子书画会会员，1958年加入上海美术家协会。晚年为支付昂贵的医疗费开始翻译外文书籍，与王亦令合译了《泰戈尔短篇小说集》，还独自翻译了艾米莉·勃朗特的自传体小说《阿格尼斯·格雷》。

徐志摩去世后，陆小曼与翁瑞午开始了相濡以沫的同居生活。陆小曼的知己，著名女作家、画家赵清阁，曾力劝她离开翁瑞午，陆小曼很多事都会听取她的意见，唯独这件事她从未同意。陆小曼认为，她与徐志摩，只有爱情，与翁瑞午，只剩感情。

翁瑞午是个极其复杂的人，当初利用徐志摩和陆小曼的信任害陆小曼染上鸦片，简直可以用卑鄙来形容，但徐志摩走后，他始终陪伴着陆小曼，与之相依为命。做到这个分儿上，也该算作痴情男了。可他一直没有与妻子离婚，据他自己解释，是因为与妻子共同生养了五个子女，一起生活了多年，不忍心抛弃她与孩子。他自认为是在顾全大家，其实这种举棋不定优柔寡断的做法是在同时伤害两个女人和自己的五个孩子。

陆小曼亦是不愿意离开他的，即便与他之间不存在爱情，长久的相处过后再想分离总会难以割舍，他的话，他的笑，他的习惯，他对她的感情，一切的一切都融进了互相温暖陪伴的岁月中，一点一滴皆是丢不开的回忆。可惜，1961年，翁瑞午也先陆小曼一步去了……

翁瑞午一走，陆小曼的生活更是孤寂凄冷。曾经誉满京都从不缺人陪伴的女子，晚年茕茕孑立形影相吊，今昔的落差悬殊，我等旁人都不禁哀伤，陆小曼心中的苦恨更是不言而喻。

1965年4月3日，春末时节，陆小曼在上海华东医院病逝，死前唯一的愿望，是能够与徐志摩合葬。赵清阁与张奚若等人曾为陆小曼的遗愿努力过，奈何徐志摩与张幼仪的儿子不同意，此事只得搁浅。

情，单从字形上看是“忄”加上“青”，然而，我更乐意这样理解这个字：对你有了情，你便是我心上的一片青天，我在你这青天里驰骋翱翔，欢喜也好愁苦也罢，就是飞不出也不想飞出你这青天外。世间男女总向往情天，却又常逃不过情网，故而许多人一生为情所困，不得安心。

陆小曼是个至情至性的勇敢女人，为了爱情义无反顾，但拥有爱情的时候又不会珍惜，懂得珍惜的时候却失去了爱人。人大抵是要失去些什么，才明白所失之人或物的珍贵。命运让她从小什么都有，她便难懂失去的苦痛，一天天被麻痹，久而久之，愈加不懂何为珍惜，这样的人，必是要受悔恨的罪。林宥嘉一首歌中的一句歌词常盘旋于我的脑海：“我们曾相爱，想到就心酸。”

在多少个夜深人静的时候，有多少人因为爱而不惜痛悔着？

PART 2

林徽因

爱是一场灵魂修行

理智但不刻板，多情却能自制，我想林徽因这样的女人，无论嫁给谁，都会幸福。她坚持自己的坚持，信仰自己的信仰，有多少人爱她或恨她，都难以阻挡她所散发的光彩和锋芒，是非、争议被她抛之脑后，她一生都在全力以赴地做好林徽因。

林徽因 / 人生若只如初见

在爱情道路上摸爬滚打得越久，就越明白爱情这回事，最难的除了长相厮守，还有两情相悦。两个人的爱很少是均衡和平等的。有时候一方爱，另一方不爱；有时一方爱得多一点，另一方爱得少一点；有时一方爱，另一方甚至不知道自己爱不爱……私以为，同在伦敦的那段日子里，徐志摩与林徽因，属于第三种。

据说，林徽因的清纯美丽和冰雪聪明让徐志摩一见钟情。那时的他已是有妇之夫，发妻张幼仪到伦敦陪读，但他仍然我行我素地对林徽因展开了狂热的追求。在写给她的信里，徐志摩用这样的情话来表达自己灼热的感情：

> 也许，从现在起，爱、自由、美将成为我终其一生的追求，但我以为，爱还是人生中第一件伟大的事业，生命中没有爱的自由，也就不会有其他别的自由了……如果有一天我获得了你的爱，那么我飘零的生命就有了归宿，只

有爱才能让我匆匆行进的脚步停下，让我在你的身边停留一小会儿吧，你知道忧伤正像锯子锯着我的灵魂……

而林徽因在后来写给沈从文的信里，是这样她描述在伦敦时的心情的：

我独自坐在顶大的书房里看雨，那是英国的不断的雨。我父亲到瑞士国联开会去，我做着所有女孩做的梦，而实际上，却只是天天落雨又落雨。

1935年在北京香山养病时，林徽因又写信告诉友人：

听到一段当我还是个小姑娘时在横渡印度洋回家的船上所熟悉的乐曲——好像那月光、舞蹈表演、热带星空和海风又都涌进了我的心灵，而那一小片所谓的青春，像一首歌中轻快而短暂的一瞬，幻影般袭来，半是悲凉，半是光彩，却只是使我茫然。

似乎林徽因在伦敦时，并不快乐。她悲凉、茫然，她管那段日子叫"一小片所谓的青春"。这不是一个陷入初恋的女孩应有的感受。所以，那时年仅十六岁的林徽因，也许是因为寂寞，徐志摩的出现才催开了她的情窦，然而对于徐志摩，我不知她到底爱不爱，但我明白，她不能爱。

如果对林徽因的家庭、童年和父母关系略知一二，便能明白，她为什么不能爱了。

她曾说："我知道自己其实是个幸福而走运的人，但是早年的家庭战争已使我受到了永久的创伤，以致如果其中任何一点残痕重现，就会让我陷入过去的厄运之中。"

林徽因出身显赫，林家在老家福建闽县（今福州）曾是名门望族，她的祖父林孝恂是进士出身，历官浙江金华等地。叔叔林觉民是著名的革命烈士。父亲林长民早年曾赴早稻田大学学习政治与经济，还在段祺瑞政府里做过三个月的司法部长，德才兼备，但政治生涯并不顺利。

与父亲相比，母亲就显得平庸多了。林徽因的母亲何雪媛，是浙江嘉兴一个小商人的女儿，思想守旧，文化程度不高，性格也不算讨喜。或许，母亲那急躁、固执的脾气，是让长期的委屈和孤寂给硬生生逼出来的。

何雪媛不是林长民的正妻，作为偏房，她嫁进林家的原因，只是大太太未能替林长民产下子嗣。何雪媛为丈夫生过三个孩子，一男二女，存活下来的只有林徽因。这之后，何雪媛再未生育，于是林长民娶了第三位妻子，这位姓陈的妻子，为他生下了三个儿女。

1904年6月10日，林徽因出生于浙江杭州，与祖父母一起生活。五岁时，她的大姑母林泽民就作为启蒙老师开始给她授课。1916年，林徽因随父亲迁往北京。父亲十分钟爱这个聪颖过人、机敏好学的女儿，林徽因对父亲，也充满了敬仰，但除了敬仰外，她对母亲的同情，使得她对父亲的感情变得复杂起来。

父亲宠爱他的第三个妻子，所以很少去母亲所居住的后院。在那座阴冷的后院里，压抑、寂寞的母亲，不知不觉间就把坏情绪传递给了女儿。照片上的林徽因看起来总是那么温婉柔和，然而，一些接触过她的亲属和朋友说，她的脾气不好，容易急躁。在这样一个一夫多妻制的家庭中，以及晦暗冷清的氛围里，母亲的痛苦，亦会给她带来痛苦，母亲日渐乖戾的性格，亦会影响她原本的性格。

学富五车才高八斗的林长民，思想并不迂腐守旧，没有旧时代重男轻女的偏见，反而很看重女儿林徽因，加之她本就聪颖过人，林长民更想要好好栽培一番。1920年4月，为了让女儿增长见识拓宽视野，广泛接触到世界先进文化，以及在作为父亲的自己身上学到一些道理，林长民带上林徽因游历欧洲。

同年，徐志摩已在哥伦比亚大学取得硕士学位，因为个人十分崇拜罗素，便专门到英国求学，想要结识罗素。但当时的罗素由于某种原因，正遭受到英国文坛的强烈批评和抨击，为逃避消极的状态，罗素开始游历亚洲。阴差阳错之下，徐志摩只好在伦敦一边学习，一边等罗素回来。没想到，这一等，等来了让他一见钟情、此生不忘的林徽因。

林徽因与徐志摩的相识经过版本不一，一种说法是徐志摩是在一个英国人办的酒会上认识了林家父女，另一种说法则是徐志摩去拜访林长民，结果当时只有林徽因在家，就在她打开门后的那一瞬间，徐志摩亮了眼睛，也动了心。不管真实情况是哪一种，可以肯定的是，像林徽因这般天生丽质的女子，无论是低头时那少女的娇羞，还是行走间那惊鸿一瞥，其清纯灵动的魅力，都叫人难以抗拒。

怀着对林徽因热烈的爱，徐志摩向张幼仪提出离婚。而此时，张幼仪已经怀孕了。徐志摩手足无措地呆了一会儿后，开口让妻子拿掉孩子，在他心中，这段婚姻本来就是多余的，这个孩子就更不应该来到这个世界了。张幼仪震惊过后，痛苦而胆怯地说："我听说有人因为打胎死掉了。"然而徐志摩却这样来回应她："还有人因为火车事故死的，难道人家就不坐火车了吗？"

别的不考虑，单从这件事情上看，或许林徽因是爱过徐志摩的，但她最终没有选择他，是明智的。这个男人的情，可以比火还热烈，也可以比冰还寒冷；这个男人的心，可以比水还柔软，也可以比铁还坚硬。

父母关系的裂痕，让林徽因从小就见识到了婚姻的状况能给一个女人造成多大的影响，所以在这一方面，她恐惧而谨慎，容不得半点错误，害怕在步入婚姻前的任何一个环节出差错。徐志摩现在能对发妻如此，日后保不齐也会对她如此。

父亲不只有母亲一个妻子，但母亲只有父亲一个丈夫，还不得不与别人一起分享，这对一个女人而言势必痛苦不堪。林徽因懂母亲的痛苦，因而她也懂得，如果由于自己使得张幼仪面临失去丈夫的痛苦，这样沉重的压力，她不愿承受。

林长民似乎也不赞成女儿与徐志摩在一起，尽管因为自己与徐志摩有私交不方便明说，但当发现女儿与他略微接触得多一些的时候，就特意让女儿离开伦敦，将她安排到自己的一个朋友家里度假。徐志摩也许不知道林家的态度，也许就算知道，仍是不能消减半分他对林徽因的迷恋。即使发妻已有身孕，徐志摩依然坚持离婚，张幼仪只得离开伦敦前往柏林。就在徐志摩赶往德国办理离婚手续时，林家父女一同悄声离开了伦敦。

回到伦敦后，徐志摩才发现林家父女已经悄声离开了这里。之后，徐志摩写下了这样一首诗：

我是天空里的一片云，
偶尔投影在你的波心——
你不必讶异，
更无须欢喜——
在转瞬间消灭了踪影。
你我相逢在黑夜的海上，
你有你的，我有我的，方向；
你记得也好，
最好你忘掉，
在这交会时互放的光亮！

一首《偶然》，道不尽心中的寂寞、失落和怀想，以及情到深处、爱而不得的遗憾。我与多数人一样，认为这首诗，是徐志摩写给林徽因的。我想他心里的潜台词应是：无论你记得与否，我都无法忘掉。

疼痛的青春

从伦敦回国后，林家父女来到了上海，与林长民私交甚好的梁启超便派人将他们接回北京。林徽因回到培华女中继续学业，正当生活渐渐回归正常的轨迹时，她也迎来了一段两情相悦的爱情。

早在林长民带女儿游历欧洲之前，他与挚友梁启超两人心照不宣地希望彼此的儿女能够喜结良缘，虽然还未订下婚约，但两家开始暗中助力撮合。1919年的一天，第一次见到林徽因的梁思成，便对这个美丽得让人眼前一亮的姑娘，有了极好的印象。

梁启超的长子梁思成，生于1901年4月20日，比林徽因大3岁。父辈过从甚密，两人年龄相当，又都聪明多才，梁思成和林徽因相爱，也是自然之事了。不过，两人的感情路并非一帆风顺，因为梁思成的母亲和姐姐梁思顺不看好林徽因，然而她们的反对，最终没能阻止两人在一起。

1923年5月7日，北京学生举行了“国耻日”游行。梁思成和弟弟梁思永驾着摩托车一路追赶游行的队伍。不料在一个路口，梁思成被当时一位政府高官的小汽车撞倒，腿部骨折，伤势严重，并且延误了治疗，留下的腿伤伴随了梁思成一生。

一场车祸，给梁思成带来了身体上的伤害，却又让他与林徽因有了更加亲密的接触。得知梁思成出事后，林徽因立刻赶往医院，此后每天下午都来悉心照顾。

当时天气酷热，难免汗流浃背，而梁思成一出汗，林徽因就会帮他擦去。帮恋人擦汗这个行为在林徽因看来并没有什么不妥，她思想新派开明，况且梁思成有伤在身，她也不忍心看他费力地自己行动。然而，这个举动到了梁思成那思想旧派的母亲眼里，就该另当别论了。在梁母的观念中，男女授受不亲，林徽因的行为实在是叫她反感，于是更加反对两人的婚事。好在梁启超认定林徽因这个儿媳妇的态度也十分明确坚定，一家之主毕竟是他，母亲再不愿意，也不能真正起到阻碍作用。

梁思成的腿伤渐渐恢复，林徽因也从培华女中毕业，这时，印度著名诗人、文学家泰戈尔获得诺贝尔文学奖后开始访华。作为中国诗坛代表人之一的徐志摩也回国了，他专程去上海将泰戈尔接到北京，并担任其翻译。

由于林长民是泰戈尔访华之行的主事人之一，林徽因和梁思成也有机会参与其中。这样一来，自然少不了与徐志摩接触。已经知道林徽因正在与梁思成交往的徐志摩，没有因为名花有主而气馁，毕竟两人还未成婚，他不是完全没有机会。

徐志摩就是抱着再争取一下的心态，几次三番试图接近林徽因。而林徽因抱着的又是另外一种心态。尽管她脾气不算很好，可并不是一个决绝的人，交往不成，大家仍是朋友，不必老死不相往来。对于徐志摩的刻意接近，她在保持适当距离和分寸的前提下，没有完全拒绝。

敏感细腻的文豪泰戈尔，捕捉到了林徽因、徐志摩和梁思成三人之间微妙的感情，在他离开前有感而发，写下一首小诗赠与林徽因：

天空的蔚蓝，

爱上了大地的碧绿。

他们之间的微风叹了声，

唉！

林、徐、梁三人，到底谁是“天空”“大地”“微风”，这就仁者见仁，智者见智了。在我看来，向往着辽阔的远方和无尽的自由的徐志摩，是“天空”，而这片天空，爱上了如碧绿的大地般清新美丽、朝气蓬勃的林徽因。梁思成是横隔在两人中间的“微风”，他能实实在在地触碰并拥有着林徽因，而徐志摩却永远不能。可是，为何“微风”会叹息？林徽因不够决绝，徐志摩便不愿彻底放弃，梁思成似乎要永远面对这样一个似远非近的情敌，怎能不叹息！

1924年5月20日，徐志摩陪同泰戈尔离开北平前往太原，站台上许多人为他们送别，当然也包括林徽因和梁思成这一对赴美留学的情侣。徐志摩知道，此番离别，日后不知何时才能再见，心生感慨之下写了一封信给林徽因：

我不知道我要说的是什么话，我已经好几次提起笔来想写，但是每次总是写不成篇。这两日我的头脑总是昏沉沉的，睁着眼闭着眼都只见大前晚模糊的凄凉的月色，照着我们不愿意的车辆，迟迟地向荒野里退缩。离别！怎么能让人相信？我想着了就要发疯，这么多的丝，谁能割得断？我的眼前又黑了。

遗憾的是，这封没有写完的情书收藏在泰戈尔的英文秘书恩厚之手里，并没有寄给林徽因。徐志摩的感情，来得太快、太热、太不顾一切，一向理智谨慎的林徽因，未必从来没被打动过，然而因为感动做出的选择，并不一定是正确的。徐志摩做知音尚可，做丈夫，她信不过。

1924年9月，林徽因与梁思成进入宾夕法尼亚大学美术学院求学。梁思成在美术学院顺利地读上了建筑系，林徽因则因建筑系不收女生，只得选择美术系。不过她早就立志要攻读建筑专业，所以选修的都是建筑系课程。

梁、林二人在美国有了较多时间的单独相处，大方开朗的林徽因善于交际，梁思成则较为保守内敛，两人的性格差异逐渐清晰显现。除此以外，入学未满一个月，梁思成收到姐姐梁思顺寄来的家信，信中告知了梁母已是乳腺癌晚期的噩耗，并直言母亲至死也不可能接受林徽因。

爱情受到考验，接下来的打击更是让林徽因难以接受。梁母病逝后，林家也陷入了危难，1925年年底，林长民因反奉遇难，时年四十九岁。影响着林徽因的成长并与她有着深厚感情的父亲，永远地离开了，深受打击的林徽因，一度想要弃学回国。

所幸梁启超作为林徽因父亲的生前挚友，不忍看着朋友的女儿和自己中意的儿媳就这样中断学业，于是主动承担起了她在美国的所有经费。梁启超写信给儿子：

这种消息，谅来瞒不过徽因……我和林叔叔的关系，她是知道的，林叔叔的女儿，就是我的女儿，何况更加以你们两个的关系。我从今以后，把她和思庄一样的看待，在无可慰藉之中，我愿她领受我这种十二分的同情，渡过她目前的困境。她要鼓起勇气，发挥她的天才，完成她的学问，将来和你共同努力，替中国艺术界有点贡献，才不愧为林叔叔的好孩子。这些话你要用尽你的力量来开解她……徽因留学总要以和你同时归国为度，学费不成问题，只算我多一个女儿在外留学便了，你们更不必因此着急。

尽管此时的梁启超已经因肾病住进了医院，仍是处处为林徽因考虑。“林叔叔的女儿，就是我的女儿”，短短一句话，道尽了他与林长民一生真挚的友情。

父亲走后，林徽因性情有了巨大的转变。当时正在美国的胡适说她“老成了好些”，林徽因回复道：“有价值的经验都是苦痛换来的，我是会悟了。我从青年的理想主义，走到了成年的现实主义。我一点点改掉了在北京被惯坏的毛病。做人便这样做罢，也未尝不是好处。”

失去，总是能够让人成长。越惨痛的失去，便会让人成长得越迅速。1928年3月21日，林徽因与梁思成在加拿大渥太华举行婚礼。婚礼结束后，夫妻二人开始了欧洲古建筑考察之旅。同年，从巴黎回国后，两人去往东北大学，组建并任教于建筑系。

1929年，林徽因与梁思成的第一个女儿来到世上。为纪念已逝的梁启超，他们为女儿取名为梁再冰（饮冰室指梁启超故居书斋）。东北寒冷的天气，致使幼年时患过肺病的林徽因旧病复发，她无奈先行回到北平。不久，梁思成受邀于营造学社社长朱启钤，也返回北平。

林徽因在香山养病期间，开始进行文学创作，先后发表了《那一晚》《谁爱这不息的变幻》《仍然》《激昂》《一首桃花》等诗作以及短篇小说《窘》。她的才气不仅在建筑学上充分体现，文学上也十分突出，然而关于这个才华横溢的女人，更为人熟知的是她的情史与绯闻。

当时正在北大教书的徐志摩，是最常来看望她的人。此时徐志摩已经和陆小曼结为夫妇，由于他频繁看望林徽因，传出了多种绯闻。我认为，林徽因与徐志摩相识多年，曾经的关系如此特殊，而到了这一阶段，两人的关系已经变成了知己。徐志摩的确忘不了林徽因，前期是因为爱情，但后来，这份求而不得的爱情渐渐散去，他的爱，都给了陆小曼，否则不会这样拼命地满足她物质上欲求不满的虚荣心。对于林徽因，他敬重、关心、体贴，不过是因为她这样的女子，她这样的朋友，值得他这样做。

得不到就意味着不会失去。爱情让人流泪，友情帮人擦泪，少一个让自己流泪的人，多一个帮自己擦泪的人，何尝不是明智的选择？“发乎于情，止乎于礼”，林徽因自重自爱，但并不自私。

她当他是一生的挚友，然而他宿命般的悲剧，却又仿佛是因她而起。

1931年，徐志摩与许多朋友，都受邀参加11月20日林徽因在协和大礼堂举办的讲座。就在讲座举行的前一天，徐志摩在南京搭乘的那架飞机，因大雾在山东济南出事，不幸罹难。

在梁思成从北京赶往山东之前，林徽因为徐志摩亲手做了一个小花圈，并嘱咐梁思成捡回一块飞机的残片。这块小残片，后来一直被她挂在卧室的正中央墙上，直到她离开人世，整整挂了二十四年。或许，这是她对他唯一的念想，这念想里，包含着对他的惋惜、愧疚，以及他们之间那份总是被世俗歪曲理解的情谊。

爱是一种成全

徐志摩遇难，不仅给林徽因带来伤痛打击，还招来了猛烈的攻击。人们纷纷把矛头对准了她与陆小曼。著名作家冰心纵然没有点名道姓指责，但她的一段话，显然表明了自己的态度：“志摩是蝴蝶，而不是蜜蜂，女人好处就得不着，女人的坏处就使他牺牲了。”话里的弦外之音，所暗讽的两个人，再明显不过了。

林徽因与冰心友情恶化的一部分原因是徐志摩，而她与另一个女人交恶，也是因为徐志摩。

徐志摩曾去欧洲旅行，临走前将一个装有自己日记的锦盒交给好友凌叔华保管。由于回国后未向凌叔华要回，盒子便一直留在凌叔华身边，直到徐志摩去世。据说盒子里保存着徐志摩与陆小曼、林徽因之间的通信，还有几本他的日记。林徽因希望从凌叔华那里要回盒子，但被凌叔华拒绝，因为此事，两人从此交恶。锦盒里关于林徽因的康桥日记再无踪迹，它与徐、林二人之间的感情关系，一同成了一宗谜案。

林徽因在散文《悼志摩》中写道：

这样的压力和重负下，1932年，二十八岁的林徽因忧伤地写信告诉胡适："我自己也到了相当年纪，也没有什么成就，眼看得机会愈少，现在身体也不好，家常的负担也繁重，真是怕从此平庸处事，做妻生仔地过一世。我禁不住伤心起来。"

她不愿过普通女人的一生，"平庸处事，做妻生仔地过一世"，她的理想远不止于此。就像她不愿意听别人称她为梁太太，她只是嫁与梁思成为妻而已，尽管为家庭、身份所羁绊，她仍是那个独立自主的林徽因。

1932年8月，林徽因与梁思成的儿子出生，为纪念宋代建筑学家李诫，取名梁从诫。此时的林徽因，已是两个孩子的母亲，这样的她，面对金岳霖的深情厚爱，陷入了巨大的烦恼和矛盾中。

1931年，梁思成从宝坻结束考古调查回到北平，林徽因痛苦而坦诚地告诉他，自己同时爱上了两个人，不知道该怎么办。

爱上另一个人的林徽因，从未让我有任何失望，相反这份率直和勇气着实值得欣赏赞叹。以她的资质和容貌，完全配得起今天人们口中"女神"的称号，然而，抛开所有身上的光环，她只是一个简简单单的女人，我们不能凭着自己的喜好，在把别人神化后，就忘了这一个最基本的事实。

"人非圣贤孰能无过"，林徽因不是圣贤，况且什么时候会爱上什么人，这是我们作为一个凡人没有办法控制的事情。爱或不爱，有时我们无法选择，但最起码，我们还能选择善意地坦白和不再耽误别人。

使林徽因痛苦的这个烦恼，同样令梁思成也陷入了痛苦之中。他明白妻子同时爱上的那两个人，一个是自己，另一个，就是幽默风趣、睿智犀利的金岳霖。考虑良久，他认为自己还是不比哲学家金岳霖与妻子更般配，于是他告诉林徽因：“你是自由的，如果你选择了金岳霖，我祝你们幸福。”

她爱，便握紧她的手；她不爱，便放手给她自由。梁思成的爱里，没有半点自私，无论何时何地何种情况，他想问题时，总是站在她的角度。爱是自私的，然而爱一个人也需要风度，这份风度，成全了对方，也尊重了自己。

林徽因原封不动地把梁思成的这番话告诉了金岳霖。金岳霖听后这样回应：“看起来梁思成是真正爱你的，我不能去伤害真正爱你的人，我退出。”

人说轻易放手的爱不能算作真爱，那么金岳霖听了梁思成一番话便放弃追求林徽因，是因为他的爱短暂而又浅薄吗？

著名哲学家和教育学家冯友兰称金岳霖是现代的嵇康，不合俗流。作为一个哲学家，金岳霖大概已对生死得失看得透彻了，故而不再强求一定要拥有。也许一生未娶并非完全是因为林徽因，但他对林徽因执着如一的感情和态度是不能否认的。

再者，如果林徽因当时还未嫁给梁思成，如果林徽因与梁思成从未生育过两个孩子，那么金岳霖的介入，给她的生活带来的影响远没有生儿育女后的影响大，他只不过是使林徽因离开了另一个男人而已。可此时他若是执意要介入梁、林的家庭，林徽因所要放弃的，就不止是一个男人了，而是一个丈夫、一双儿女和一个原本美满的家庭。他替她惋惜，替她不值，他害怕因为自己的冲动，使她失去了这样幸福平静的生活，却又无法弥补她所失去的那份快乐。

他没有苦苦纠缠，他放了手，但没有离开，只是像个旁观者一样，不打扰不介入，用他自己的方式，冷静而理智地爱着她。在他的心里，爱与拥有无关，爱是理解尊重，关怀包容。

林徽因、梁思成和金岳霖三人，将这件事处理得非常妥当，著名记者、作家萧乾在一封信中谈起："我自己对他们这种柏拉图式的感情关系，对思成的胸襟以及两家之间深厚的友谊，既敬重又羡慕。人间还能有更美的关系吗？"

汪曾祺曾说过一件事，在林徽因去世后，某天金岳霖请一帮旧友到饭店吃饭，朋友们好奇他这样做的意图，因为这天既不是某个节日也并非他的生日，但是金岳霖却告诉大家："今天是徽因的忌日。"

她生，有他惦念着；她死，有他纪念着。这一世，他爱她至此，淡若无痕，浓入骨血。

这个热爱生活、专注事业、真挚率直的女人，即便没有那迷人的外表，她非比寻常的人格魅力，同样叫人难忘。体弱多病的她，但凡看到建筑物，精神便完全不受躯体的限制，她的好友费慰梅这样形容道："像一团带电的云，挟裹着空气里的电流，放射着耀眼的火花。"她自己也曾说过："对古物的爱好和保护原本和日本军阀全然不相干的，可是我们每一次考察旅行，都是由于越来越近的新一轮日本大炮而突然中断，很显然，我们在华北工作的日子已经不多了。在我们被阻止之前，我们决定要全力以赴。”

梁思成说过，他的作品中的点睛之笔，都是林徽因画上去的。她这一生，不是为爱情、婚姻、家庭而活，她为理想打拼着，为事业奋斗着，为祖国奉献着，如同她自己所说的，“全力以赴”。

人间的四月天

1937年，林徽因一家离开北平前往天津，后又从天津转去长沙。而此时，林徽因的肺病已经严重恶化了。到达长沙后不久，他们的住处被日军炸毁，于是全家打算转移到昆明，然而走到新晃县时，林徽因患上了肺炎，水米不进、高烧不退，医治了一个多星期才慢慢退烧，才得以继续赶路。

他们在云南生活过一段时期，还用上全部的积蓄修造了林徽因亲自设计建造的房屋，在房子的尽头，金岳霖加了一间耳房。战争中这段短暂而幸福的生活，林徽因是这样描述的：“思成笑着，驼着背，老金正要打开我们的小食橱找点东西吃。春天里，老金在我们的住宅尽头加了一间耳房，这样，整个北总布胡同集团都全了，但天知道又能维持多久。”

战争年代的情谊，已不能用单纯的爱或不爱来描述，林徽因、梁思成、金岳霖，他们是挚友，更是没有血缘关系的亲人。

1940年2月，林徽因一家随营造学社搬到了四川省宜宾市的小镇李庄。在这个阴冷潮湿的小地方，林徽因的肺病再次复发，从此再未痊愈。在李庄的那五年，她几乎一直躺在潮冷的房间里，日出月落，斗转星移，越来越消瘦的身体中，只有那一双炯炯有神的眼睛，依然闪亮。每一年的夏天，金岳霖会从昆明赶来陪伴她，还会在院子里喂一群鸡，给她炖鸡补身体。

居于穷乡僻壤之处，林徽因一家的经济极度窘迫，梁思成拿着杯水车薪的工资，常常需要往返于李庄与重庆两地筹集经费和医治林徽因肺病的药品。患难见真情，梁思成没有辜负当初金岳霖的退出，用尽全力呵护了她一生。

无法摆脱这受苦于病痛中的身体，林徽因曾给正在西南联大执教的沈从文写信道：

> 如果有天，天又有旨意，我真想他明白点告诉我一点事，好比说我这种人需不需要活着，不需要的话，这种悬着的日子也不都是奢侈？好比说一个非常有精神喜欢挣扎着生存的人，为什么需要肺病，如果是需要，许多希望着健康的想念在我也就很奢侈，是不是最好没有？

1942年，林徽因和梁思成开始编写《中国建筑史》和《图像中国建筑史》这两部伟大著作。林徽因时常咳血，但她依然承担了全书的校阅工作，并亲笔写下了书中五代、辽、金的部分。病魔缠身的林徽因，像一只困于笼中的鸟，将笔化作了她的双翅，拥抱着思想飞向广阔的苍穹。

历史学家、汉学家费正清曾劝过梁思成，希望他去美国讲学，这样不仅能赚取更多经费为林徽因治疗，他自己的生活条件也会大为改善。梁思成拒绝了，他拒绝的理由是：“我的祖国正在受难，我不能够去。如果我必须死，也要死在我们国家的国土上。”在国难当前，妻子林徽因与他秉持着同样的爱国主义气节。

他们的儿子梁从诫回忆起当时和母亲讨论的一个话题：如果日本真的将中国灭亡了，他们怎么办？病床上的母亲是这样回答他的：“我们家门口不是还有条江吗？我们知识分子就准备投江殉国。”儿子年岁尚小，仍然不明白母亲的意思，接着问：“那我们怎么办？”母亲哀伤而又无奈地看着孩子，歉意无限地告诉他：“我就管不了你们了。”

战事连绵的时代中，像这样气节高尚的知识分子，无论处于多么贫病交加窘困不堪的境地，这份爱国主义精神永远都能让人肃然起敬。

1946年，日军宣布投降一年后，林徽因九年的流亡生活终于彻底结束，一家人返回北平。她的心情，是愉悦的，但她的身体，依然痛苦着。病情还在继续恶化，她不得不摘除被感染的一侧肾。手术前，林徽因写下这样的诗句：

当我去了，还有没说完的话，
好像客人去后杯里留下的茶；
说的时候，同喝的机会，都已错过。
主客黯然，可不必再去惋惜它。

如果有点感伤，你把脸掉向窗外，

落日将尽时，西天上，总还留有晚霞。

这是林徽因在以另外一种形式向这个世界告别。然而，手术十分顺利，林徽因又一次坚韧地挺过了这场危机。之后，林徽因被聘为清华大学建筑系一级教授，还当选了北京市第一届人民代表大会代表，参与设计新中国的国徽和人民英雄纪念碑。梁从诫曾说："母亲有过强烈的解放感。新的时代给了她前所未有的、新的、崇高的社会地位，她当然要鞠躬尽瘁。"

曾经她的名字总是与梁思成共同出现，而解放后，她不再仅仅是人们眼中的梁夫人，此时的林徽因，成为与梁思成并驾齐驱的职业女性。

越来越瘦的林徽因，最终在病痛中走完了自己最后的生命旅程，1955年4月1日，林徽因病逝于同仁医院，享年五十一岁。所有到场参加她追悼会的人，都流下了泪水。金岳霖送上这样一副挽联：一身诗意千寻瀑，万古人间四月天。

梁思成将她曾给人民英雄纪念碑设计而最终未被采用的浮雕，用于她的墓碑之上。

理智但不刻板，多情却能自制，我想林徽因这样的女人，无论嫁给谁，都会幸福。她坚持自己的坚持，信仰自己的信仰，有多少人爱她或恨她，都难以阻挡她所散发的光彩和锋芒，是非、争议被她抛之脑后，她一生都在全力以赴地做好林徽因。

PART 3

张幼仪

做幸福生活的逆袭者

徐志摩这一生，爱过的女人都让他心痛、苦累，独张幼仪一个，他不爱，却最让他省心。两人在一起时，她将他和他的家庭照顾得妥帖，不在一起时，徐家二老投奔张幼仪，她仍当他们是亲生父母供养照顾。

张幼仪
/
失败的婚姻

谈及徐志摩，说来说去总绕不开三个女人——张幼仪、林徽因、陆小曼。三个个性迥异的女人里，样貌最一般，最不浪漫，徐志摩最不爱的张幼仪，却是我最欣赏和喜欢的。她总使我想起我的母亲，尽管她们之间的性格天差地别。

母亲和张幼仪一样经历过失败的婚姻，也因为一场失败的婚姻，在人生的道路上走得更为精彩。不可否认，离婚后的女人确实比未婚的女人更难找到幸福，不过离开一个错的人，即便是独自面对漫长而孤寂的人生，也算得上是一种幸运。

名门之后张幼仪1900年出生于上海宝山。说起张幼仪，人们总是会想起与她相关的三个著名的男人，一个是曾经的丈夫徐志摩，一个是她的二哥张君劢，一个是她的四哥张嘉璈。张君劢是中国近现代颇有名望的政治家和哲学家，也是中国民主社会党领袖。这位思想先进的进步人士，使张幼仪避免了被裹足的命运。而她曾担任中国银行总裁的四哥张嘉璈，却失算地将她推进了一段不幸的婚姻。

十二岁的张幼仪在二哥和四哥的帮助下，进入江苏省立女子师范学校读书，接受到先进的教育。三年后，张嘉璈巡视杭州一中，看到徐志摩的考卷后对他赞赏有加，于是主动向徐家提亲，以二妹张幼仪相许。

徐志摩，1897年生于浙江省嘉兴市海宁，父亲徐申如继承祖业从商，是清末民初的实业家，所以徐申如对于张家这样政治经济地位颇高的名门望族自然十分满意，求之不得地答应了这门亲事。

据张幼仪称，徐志摩第一次见到她的照片时，对她的嫌弃溢于言表，撇下嘴角，鄙夷地说："乡下土包子！"

事实上，从出身环境、家庭背景来看，张幼仪配徐志摩绰绰有余。并且她还五官端正、仪态端庄、知书达理，徐志摩为什么会嫌她土气？他口中的"土包子"，并不完全指扮相上的土，更多的可能是指张幼仪身上那种中规中矩的闺秀气质，让他觉得非常乏味枯燥。

时人对张幼仪有这样的评价："其人线条甚美，雅爱淡妆，沉默寡言，举止端庄，秀外慧中。"若非要从张幼仪身上找出点错来，那错就错在她太听话了，出嫁之前，张母就教育张幼仪，在婆家一定要唯命是从，一个"不"字也不能说。受过新潮思想洗礼、崇尚开放的徐志摩，对于张幼仪这种安分守己听命于家庭安排，较为保守和传统的女性，是不会欣赏和认同的。

然而，张幼仪并非徐志摩想象中那般传统，她是张家第一个没有裹足的女人，她接受过教育，她有思想有主见，只是她太乖太听话了，没有像萧红那样抗婚。张幼仪没那么任性和冲动，在她的一生里，情感始终是受控于理智的，她懂得顾全大局，因而也知道退路。

不过，若是当初她能够抗婚，也许徐志摩就会对她有几分兴趣了。他爱新爱奇，偏偏不爱循规蹈矩。

张幼仪说过："对于我丈夫来说，我两只脚可以说是缠过的，因为他认为我思想守旧，又没有读过什么书。"

其实男女之间，找到了正确的方式互相引导，的确能够慢慢使对方做出自己希望看到的改变。他嫌她"土"，可以用"洋"的方式让她在潜移默化中变得"洋"起来。只不过，他不欣赏她，自然不会爱她；不爱她，自然不会去理解她；不理解她，自然没耐性去引导她。

说到底，他们不是一路人，所以对彼此而言，都是那个错的人。"酒逢知己千杯少，话不投机半句多"，他自认为与她无话可说，他们曾是夫妻，但绝不是知己。

婚后的张幼仪，即便侍奉公婆尽心尽力，操持家务井井有条，徐志摩对她的好感，也没有增添半分。沉毅、坚韧、内敛，这些优点在徐志摩眼里全成了乏味与呆板。他爱的，是林徽因的玲珑剔透，是陆小曼的活泼伶俐，唯独不是张幼仪的乖巧沉稳。

婚后几个星期，徐志摩便北上求学，通过张君劢的引荐，得以拜梁启超为师。之后的四年里，夫妻聚少离多，相处的日子只有仅仅四个月。足不出户的张幼仪，时间几乎都奉献给了徐家，无法继续完成学业。

1918年，长子徐积锴出生，小名阿欢。不久，徐志摩出国留学。1920年，张幼仪出国与丈夫相聚。张幼仪这样描述她到达法国马赛港时的心情："我斜倚着船舷，不耐烦地等着上岸，然后看到徐志摩站在东张西望的人群里，就在这时候，我的心凉了一大截……他是那堆接船的人当中唯一露出不想到那儿来的表情的人。"

别人盼着与爱人团圆，唯有他盼着与妻子永不相见。本来对自己这段婚姻就很不满的徐志摩，出国求学正好能逃得远远的，怎奈隔着千山万水，父母仍要把这个他不喜欢的妻子强塞过来。

一见面，徐志摩便沉着脸，嫌弃张幼仪的中式服装太土气，怕朋友见着有失颜面，就带着她去买时装和皮鞋。之后两人拍了一张合影寄给徐家父母，这是他们此生唯一一张合影。

之后，两人到英国伦敦郊区的沙士顿安顿下来，然而，张幼仪的生活并没有安稳，至少她的精神世界，总是被徐志摩所做的有违常规的荒唐事刺激着，比如，因为不愿与她独处，他竟然邀请一位名叫郭虞裳的姑娘来家同住过一段日子……

已经怀上第二个孩子的张幼仪，听到了徐志摩提出离婚和拿掉孩子的要求后，她惶恐愕然地看着丈夫：“我听说因为有人打胎死掉的。”徐志摩冰冷淡漠地反问她：“还有人因为火车事故死掉的呢，难道人家就不坐火车了吗？”

此时的他，眼里、脑里、心里，全是林徽因，哪管什么人命关天，哪管结发妻子有多可怜。

最初听到离婚时，张幼仪是非常抗拒的。在那样的年代，离婚不像现今这样稀松平常，社会对离婚的女人也绝不像今天这样宽容。那时候离婚的女人，在别人眼里无疑等同于被休。张幼仪当然坚决反对。

妻子不肯离婚，徐志摩便愤然出走，不知所终。茫然无助的张幼仪只好写信给二哥张君劢，所幸二哥回信告诉她：“万勿打胎，兄愿收养。抛却诸事，前来巴黎。”就这样，张幼仪孤身前往巴黎，在巴黎住了一段时间后，临产前又与二哥和七弟去往德国。

1922年2月24日，张幼仪在柏林生下次子彼得。这时，曾经杳无音信的徐志摩，带着他此行唯一的目的出现了——他要办离婚手续，他要她签离婚协议。

他执着成这样，要她如何坚持呢？张幼仪不吵不闹，平静地签完字后，带着徐志摩去医院看小儿子，父爱使得他“把脸贴在窗玻璃上，看得神魂颠倒”，然而，张幼仪说：“他始终没问我要怎么养他，他要怎么活下去。”

离婚后，小儿子彼得给了张幼仪莫大的安慰。看着他一天天长大，她心里的痛一点点减退，并且自学了德语，进入裴斯塔洛齐学院攻读幼儿教育。眼看着生活慢慢走上正轨，心中的阴霾渐渐散去时，张幼仪人生的道路上，迎来继离婚后又一场寒冷的大雨。

1925年，长期营养不良的彼得，一天夜里忽然肚子疼得厉害，被张幼仪送入医院后，却再也没能和母亲一起回来。三岁的彼得，死于腹膜炎。彼得走后的那段日子，张幼仪总是看着照片里的小儿子，白天黑夜地流着似乎永远无法流完的眼泪。

在绝望中涅槃

彼得死后一周，徐志摩到达柏林。当时已经开始追求陆小曼的徐志摩看到了丧子后悲痛憔悴的张幼仪，他给陆小曼的信上，破天荒地夸奖了她：“她今天挂着两行泪等我，好不凄惨……幼仪可是一个有志气有胆量的女子，她这两年来进步不少，独立的步子已经站得稳，思想确有通道……她现在真的什么也不怕……”

张幼仪说过：“在去德国之前，我什么都怕，在德国之后，我无所畏惧。”

在德国时，对于追求自己的男人，张幼仪这样回应：“我还不想结婚。”她这样说的原因是：“四哥写信告诉我，为了留住张家的颜面，我在未来五年里，都不能叫别人看见我和某个男人同进同出，要不别人会以为徐志摩和我离婚是因为我不守妇道。”

许多方面，旧社会对于女人尤其不宽容。那时候，只要有钱有权，男人可以随心所欲三妻四妾，但女人却不得不遵守三从四德，有时哪怕你明明遵守得很好了，夫家一个不高兴，说休便休了。

也许就算张家没有这个要求，张幼仪也没法很快地开始一段爱情和婚姻。“一朝被蛇咬，十年怕井绳。”她与徐志摩的离异，是中国近现代史上第一例离婚案，这给她心灵留下的阴影和心理背负的压力无疑都是巨大的。

1926年，张幼仪在八弟张禹九的安排下回国。徐家父母觉得儿子对不住她，十分替这个曾经的儿媳妇心痛和不平，于是认她为干女儿，给她专门在家留了一个房间，并且徐家家产也有她的一份。在徐家的几年，张幼仪这个儿媳妇，算是做到极致了，能让公公婆婆如此疼惜如此看重，她势必是比一般女子还要会做人。这一点，陆小曼与之相比简直天差地别。也无怪后来徐家二老抛下儿子，来与张幼仪共同生活了。

1927年年初，张幼仪母亲去世，她带着儿子阿欢回上海奔丧，并定居于此。张幼仪先是任教于东吴大学（现苏州大学的前身），教授德语。之后因四哥张嘉璈的介绍，出任上海女子商业储蓄银行副总裁。

银行副总裁，听着是个光鲜的好职位，可当时在上海女子商业储蓄银行，没有一个人愿意管这堆烂摊子，因为银行借出的钱大多已经成了要不回来的死账、烂账，急需大量的资金补充。然而，这个烂摊子却被张幼仪奇迹般地救活了。

此后，她的人生一路都在创造辉煌，不仅在金融业成绩突出，在股市里也赚了不少，还拿出一部分钱给徐家父母盖了一处住宅，而对她视如己出的徐父也将在上海的一处豪宅送给了她。

似乎无论做什么行业，她都能掌握得游刃有余。能做到这样优秀，不仅仅是因为天资过人，以往痛苦不堪的经历，也一定影响并督促了她的惊人成长。成长带来的蜕变，如蝴蝶破茧，如浴火重生，必然要经过漫长的等待与煎熬，但熬过去了，即便暂时没有等到更好的未来，你也将收获一个更优秀更强大的自己。

张幼仪在上海与人合开的云裳时装公司，引领了当时整个上海滩的时尚潮流。我常揣测，她为什么要开一家时装公司？或许是机缘巧合，想开便开，又或许，是因为曾经徐志摩的那一句“乡下土包子”，和曾经一到法国便被他认为土气带去买时装的经历。

嫌弃，是一种变相的侮辱，甚至比直接侮辱更为伤人。张幼仪令人钦佩的是，她从未因为被嫌弃而自怨自艾。

怨妇，是这世界上最可怕的女人之一。

张幼仪没有选择做怨妇，而是找到了一个出口，把徐志摩给的嫌弃、冷漠、薄情，统统化为她奋斗拼搏的动力。他嫌她文化不高，离婚后她便在德国学习了幼儿教育；他嫌她不够时尚，离婚后她便自己创办了上海最顶尖时尚潮流地之一的服装公司。她在遭受嫌弃时，没有一味埋怨，而是通过别人的嫌弃，看到了自己的短板，发现哪里不够好便尽力去弥补。

有时我不免想，徐志摩亦是不会惜福之人，张幼仪这般聪慧，一点就通，若是安安心心与她生活，慢慢引导她变得更为浪漫文艺，也一定会拥有十二万分的幸福人生。奈何有些人天生就不是一对，做不成爱人，做朋友倒更合适。徐志摩与陆小曼的婚姻生活并不美满，苦闷的时候也会给她写信。他们的关系，在离婚后反而缓解了许多。

1931年11月18日，也就是徐志摩飞机失事的前一天，张幼仪最后一次在云裳服装店里见到了他。他到店里问询替他做衬衫之事，张幼仪听他和八弟张禹九闲聊才知道，他此番过来是因为家里经济困窘。自从定居上海，为满足陆小曼的巨额开销，徐志摩不得不在北京大学英文系和北平一所女子大学授课赚钱，仅1931年春夏期间，他南北往返竟多达八次。

徐志摩这一生，爱过的女人都让他心痛、苦累，独张幼仪一个，他不爱，却最让他省心。两人在一起时，她将他和他的家庭照顾得妥帖，不在一起时，徐家二老投奔张幼仪，她仍当他们是亲生父母供养照顾。

浪漫之人或许都爱“折腾”，徐志摩和陆小曼都如是，剪不断，理还乱。张幼仪却最干脆，离婚后将心力都投入到事业中，人生再无后顾之忧。

徐志摩去世当晚，睡到半夜的张幼仪被佣人的敲门声吵醒，佣人说大门外有一位中国银行的先生要见她。到了饭厅，张幼仪请那位先生入座，接过电报，看到了徐志摩飞机失事丧生济南的消息。后来才知道，徐志摩赶去北平，是要参加林徽因的一场建筑艺术演讲会。

那位先生告诉她，陆小曼不相信这个消息，拒绝认领徐志摩的尸体。

死讯来得太过突然和沉痛，陆小曼不是不相信，她只是不愿相信，不敢相信。相比而言，张幼仪十分坚强镇静，她让八弟带着儿子阿欢前去认领了他的遗体，自己留在家中安抚徐父，主持丧事。这个给过她太多伤害和苦楚的男人永远地离开后，她在葬礼上为他献上了这样一副挽联：

万里快鹏飞，独憾翳云遂失路；一朝惊鹤化，我怜弱息去招魂。

短短二十四个字，她的痛惜哀婉，字字毕现。

说不定我最爱他

林徽因对徐志摩是有爱的，但这“爱”里关于爱情的部分似乎不多，她更多地把他当作知己；陆小曼对徐志摩是有爱的，但这“爱”里又好像完全是男女间谈情说爱的感情，少了责任，少了体贴，少了理解；张幼仪对徐志摩是有爱的，但这“爱”，她始终说不出来……

陆小曼曾要求给徐志摩的遗体换上西装，棺材也换成西式的，这两样，张幼仪都不同意。她只想让他不被惊扰，安安静静地入土为安。

此后，张幼仪承担下了徐志摩再不能承担的责任：赡养徐家父母；抚养儿子阿欢；管理徐家产业；直到1949年上海解放，她赴香港定居之前，才中止了对陆小曼的接济……前妻做到她这个份上，已是至仁至义了。

解放前夕，张幼仪去往香港。1953年，与徐志摩离婚三十一年后，张幼仪再嫁，她的第二任丈夫是她在香港的邻居，中医苏纪之。两人结婚前，张幼仪特意写信征求儿子徐积锴的意见，她解释道："因为我是个寡妇，理应听我儿子的话。"

这句话里有一个词推敲起来很有深意。她形容自己为"寡妇"，"寡妇"指死了丈夫的女子，她与徐志摩离婚多年，两人在他生前就已经解除夫妻关系，她只是他的前妻，何以在他死后，称自己为"寡妇"？由此可见，在她的心里，尽管与徐志摩早已离婚，尽管徐志摩早已离世，他在她心里，始终有着丈夫的位置。

儿子当然深知母亲多年的辛苦与这段感情的来之不易，回信道："母孀居守节，逾三十年，生我抚我，鞠我育我……综母生平，殊少欢愉，母职已尽，母心宜慰，谁慰母氏？谁伴母氏？母如得人，儿请父事。"

1967年，六十七岁的张幼仪与苏纪之再次来到康桥，故地重游时她是什么样的心境呢？苦涩也好感慨也好庆幸也好，一定是有感激的。感激他和她有过一个阿欢；感激他让她苦让她痛让她后来什么都不怕；感激他曾经的看不起，成就了脱胎换骨的张幼仪……

她在《小脚与西服》里说："我要为离婚感谢徐志摩，若不是离婚，我可能永远都没有办法找到我自己，也没有办法成长。他使我得到解脱，变成另外一个人。"

1972年，苏纪之病逝，张幼仪来到美国纽约居住。1988年，八十八岁的张幼仪因心脏病突发离开人世。

张幼仪去世后，侄孙女张邦梅在美国出版了《小脚与西服》，这是张幼仪的口述自传。现代文学史专家陈子善先生评价："这本书展示了一个女性成长的过程，将她从传统到现代之间的困惑、选择的过程展示得比较清楚，有一定的价值。"

在肯定了这本书的价值后，陈先生转而说："但是，书中情绪化的因素很多，总的感觉，张幼仪在抱怨，对林徽因、陆小曼基本上持否定的态度。"

我曾认为张幼仪对徐志摩没有爱，有的只是作为妻子时的顺从和不作为妻子时的淡然，因为晚年的张幼仪曾有些调侃地自述："你总是问我，我爱不爱徐志摩。你晓得，我没办法回答这个问题。我对这问题很迷惑，因为每个人总是告诉我，我为徐志摩做了这么多事，我一定是爱他的。可是，我没办法说什么叫爱，我这辈子从没跟什么人说过'我爱你'。如果照顾徐志摩和他家人叫作爱的话，那我大概爱他吧。在他一生当中遇到的几个女人里面，说不定我最爱他。"

然而，在听了陈先生说"张幼仪在抱怨，对林徽因、陆小曼基本上持否定的态度"以后，我才明白，若是不爱，何来抱怨，又为何要对曾经的丈夫爱过的那些女人有所不满？

据传，1947年林徽因病危时，得知张幼仪到北平参加朋友的婚礼，托人传话说想见一见她。张幼仪欣然前往，她们彼此看着对方，却都没有开口。关于林徽因要看她的这件事，张幼仪是这样说的："我不晓得她想看什么，也许是看我人长得丑又不会笑。"

她明明不丑，她明明会笑，可为什么要这样自嘲？大概是无数次听到徐志摩夸她很美，赞她爱笑，她若不曾爱过，何以这般记恨和在乎？据说在张幼仪的家中，始终挂着徐志摩的遗像，她把他的油画放在房间里，他发表过的诗歌和文章，她也剪下来压在写字台的玻璃板下。

她若不曾爱过，何以这般执着？爱的表达方式有很多种，有人用语言，有人用行动。她的方式，与陆小曼的前夫王赓颇为相似，他们都是不擅言爱的人，也正因为如此，擅于言爱的徐志摩和陆小曼，不爱他们。

梁实秋在《谈徐志摩》一文中对张幼仪给出了中肯的评价："她沉默地、坚强地过她的岁月，她尽了她的责任，对丈夫的责任，对夫家的责任，对儿子的责任——凡是尽了责任的人，都值得尊重。"

而张幼仪这样形容自己的一生："我是秋天的一把扇子，只用来驱赶吸血的蚊子。当蚊子咬伤月亮的时候，主人将扇子撕碎了。"

愿天下所有女子，纵然被伤害、被抛弃，也要坚强地活出自己的精彩，不需要别人的同情和怜悯。

PART 4

庐隐

生命不过是一场玩火的游戏

庐隐是洒脱的，是随性的，也是盲目的。她所追寻的很多东西都不切实际，『至高无上的爱』『翱翔于蓬莱仙境』，这些只是她自己对爱情不切实际的幻想。婚姻虽然是以爱情为基础，然而，仅有爱情的婚姻是很难维系的。

庐　隐
/
被嫌弃的童年

许多著名的作家能将故事娓娓道来，都源于其丰富的人生阅历，作家的这些经历，又大多是悲苦的，因为太过平坦顺利的人生，见不到另一番风景样貌，就发不出引人深思的感慨。这些悲苦经历，通常是发生在童年时期，如苏联著名作家高尔基、美国首位诺贝尔文学奖获得者辛克莱·刘易斯等，童年时就已经尝尽了普通人吃不到的苦头。

民国时期声名鹊起的女作家们，大多也是如此。比如张爱玲，比如庐隐。各人自有各人的苦，张爱玲是不曾得到父亲的善待，庐隐则是在母亲和一干亲友的嫌弃和忽视中长大。

1898年5月4日，生于福建闽侯县的庐隐，原名黄淑仪，又名黄英。庐隐出生那天，偏赶上了外祖母逝世，庐隐的母亲从未受过教育，思想守旧迷信，即便是自己亲生的，也认定这个女儿是命硬的灾星，雇了奶妈养着，不愿给她正常的母爱与呵护。

小时候的庐隐总爱哭，眼泪流下来，哭声喊出来，止都止不住。因着这恼人的脾性，她就更不被家里人待见了。不幸又体弱多病，两岁那年全身长满疮疖，年幼的庐隐难耐之下终日号啕，家里人只是冷漠待之，并不当回事。奶妈成日照料她，对她很有感情，怜悯心起，请求把小庐隐带去乡下家里养着，若是养活了就送回来，养不活也没办法了。对庐隐避之唯恐不及的母亲一口答应下来，于是奶妈带着庐隐回到了乡下。

跟随奶妈离家来到乡下，大概是奶妈照料得更周全了，又或者乡下虽经济条件不如家里，但自然环境和家庭气氛要好很多，半年左右，庐隐的疮疖就痊愈了。1902年，庐隐的父亲黄宝瑛要到长沙做知县，全家人兴高采烈地准备着跟父亲一同离开，于是把痊愈了的庐隐接回来一起上路。回到家人身边，庐隐完全没有一点开心，反而常常因想念奶妈和乡下的玩伴而大哭。

其实，爱哭的孩子不讨人喜欢是正常的，爱笑的小孩谁都爱，别提小孩了，大家不是常说，爱笑的女孩运气不会太差吗？然而，毕竟那时候的庐隐，还是一个孩子，孩子爱哭爱闹、淘气捣蛋，都是再正常不过的事了，她的母亲却总是一副嫌弃的样子，而思想古板、性格暴躁的父亲见她哭哭啼啼，只会冲她发火。他们未必一点也不爱庐隐，基于每个人的教育背景和性格特点，每个父母对孩子爱的表达方式不同，外人只能说他们爱的方式不正确，不能断定他们不爱。

一家人到了长沙，生活慢慢稳定下来的时候，厄运却突然降临，这影响了整个家庭。庐隐六岁那年，父亲因心脏病离世，一大家子人立刻陷入了失去至亲、失去顶梁柱、失去经济来源的悲惨境地。母亲的弟弟——庐隐在北京担任农商部员外兼太医院御医的舅舅，听闻噩耗后，立刻发电报，通知他们到北京来投奔自己。找到了依靠，母亲欣喜万分，变卖了家当，带上钱款，领着孩子们上路了，一路波折来到舅舅家。虽是寄人篱下，但生活好歹也平静安稳了下来。

在舅舅家的前两年，庐隐日渐活泼。到了该念书的年纪，舅舅为孩子们请了先生在家教导，男孩女孩都有学习的份儿，唯独庐隐，母亲仍旧对她有很深的偏见，不让她随大家一起念书。舅舅是个善人，找来了庐隐的姨母单独给她授课。

孩子大多贪玩，庐隐也不例外，况且姨母的教学方式枯燥乏味，每天先是为她讲述一遍文章，然后关上屋子留她一人自学，身在曹营心在汉的庐隐心心念念的都是外面的世界，偏偏自己要被反锁在这冷冷清清的房间。心一浮躁，书就看不进去了，等到姨母来检查学习，要求背诵文章的时候，一个字儿也记不住的庐隐免不了要挨上一顿骂，有时被母亲知道了，还得遭上一顿打。

性格孤僻，不爱学习，母亲对庐隐的偏见更加深了，很少给过她好脸色，旁人见着这般情景，对庐隐的嫌弃也摆到了明面儿上来，经常向庐隐的母亲告状，害她挨打。有一次，母亲把庐隐关进了阴暗潮湿的小黑屋，她蜷缩着小小的身体，在黑暗中无助地哭泣。关禁闭是最容易给正在成长中的孩子留下阴影的做法之一，黑暗封闭的空间里，充斥着无边无际的恐惧和溺水般的绝望感，即便时隔久远，回想起来心里的温度仍会骤降。

大家不喜欢庐隐，谁都懒得搭理她，来了客人也不会让她出去见，母亲甚至让她与婢女睡在简陋的屋子里。然而，庐隐却在这样的环境下，学会了自娱自乐来排解孤独忧虑，与花草虫鸟也能玩得甚是开心。

庐隐不满十岁的时候便被舅母送去了美国教会办的慕贞学院小学部。那是一所寄宿学校，当天报完名后，舅母给了她一些零用钱，便让她留在学校。从来没得到过零用钱的庐隐愣住了，等回过神后，才发现舅母已经像丢掉一个大麻烦似的匆匆往家里赶。这所教会学校专收贫困家庭的孩子，有的是经济困难的教徒家庭，有的即使不是教徒，也把孩子送到这来，因为学费、膳食费都是完全免费的。

庐隐离开了人人嫌弃她的家，却来到了一所人人欺负她的学校。入学前庐隐未满十岁，校长说小学部平均年龄十岁，舅母怕人家嫌她年纪太小不给报名，虚报了年龄，谎称她十一岁。比同龄孩子还要瘦小一截的庐隐，哪有十一岁的样子，几乎同学们的年龄和个头都比她大，总合着伙儿来欺负她。

在学校念了一段时间的书，认得了些字，委屈至极的庐隐第一次给母亲写了封信，信中描述了自己在学校伙食难咽和同学欺辱的凄苦生活。母亲收到信后又是惊喜又是疑惑，不长进的女儿竟然会写这么多字了，可是，这封信会不会是这丫头找人代写的呢？以前再怎么不喜欢，她毕竟是自己身上掉下的一块肉，而且现在专心念书，有了“改邪归正”的迹象，母亲心一软，和舅母一起来到学校，给她带了许多东西，又多交了一笔钱，让她能吃到小厨房稍微好一些的饭菜。

伙食好了，庐隐的身体却不好了。早些时候，同学们曾逼迫她将满满一桶水提上搂，身小力弱的庐隐还没走上几步，左脚筋就给扭伤了，去医院检查上药，疼痛慢慢止住了，没想到日子刚称心几天，左脚再度肿起。由于这次必须手术治疗，还要好好静养，庐隐在医院住了近半年，待到出院时，又因肺管破裂咳血不止休养了半年左右。大病初愈，回到学校，庐隐跟着全校师生去教堂做礼拜。从生死难关上走过的人，对鬼神之论是不在乎的，更别说是上帝，无论老师如何教导，庐隐就是不肯信上帝，但当她听到信上帝能够减轻痛苦时，坚定的心动摇了。

庐隐从小遭人冷待，就连上苍也懒得把好运分给她。一出生外祖母便离世，年幼丧父，接二连三的病痛，一件件事仿佛都在庐隐身上印下了“不祥”的标签。有一个信仰，有一个看不到、听不到却可以让她祈祷、忏悔、倾诉的上帝，对她而言是一种精神上的救赎，于是，她成了一名基督教徒。

武昌起义后，各地开始了混乱的反清之战，家里人逃到天津租界，留下庐隐和后入读慕贞学院的一对父母双亡的表妹在学校，直到学校即将沦陷，才派人来接他们过去避难。1912年，中华民国成立后，全家人回到北平。回去以后，庐隐奋发学习，考取了北京女子高等师范学校附设的高等小学五年级，这是她头一次靠着自己的努力争取到了人生的主动权。在高小学习了一个学期后回到家，家里人都开始对她另眼相待，觉得这孩子心窍开了似的长进起来。庐隐备受鼓舞，学得更加卖力，年假后考上了学校开办的师范预科，这彻底让亲戚们对她刮目相看了。

《寒山拾得忍耐歌》里说得好：

> 寒山问："世间有人谤我、辱我、轻我、笑我、欺我、贱我，当如何处治乎？"
>
> 拾得答："你且忍他、让他、避他、耐他、由他、敬他、不要理他。再过几年，你且看他。"

在面对别人不善意的行为时，最该做的不是反驳对峙，而是尽可能地去改善自己，拿出本事取得点成就，哪怕只是微不足道的成就，只要与过去的自己相比有很大进步，就算是争了一口气了。

浮动的青春

十三岁这年，庐隐进入女子师范学校，成为全年级年纪最小的学生。考上师范学校后，母亲和家里人对她的态度大有改观，家对于庐隐而言，比以往要温暖了许多。所以，改变自己才是问题的关键。她的家人过去对她确实不够公正，那又有什么办法呢？这世界不公正的事情太多了，我们能把握的，只有自己，更可悲的是，偏偏有时我们连自己都把握不好。

青春期时，庐隐在书本里发现了极大的乐趣，她因尤其爱看小说而得了个“小说迷”的绰号。腹有诗书气自华，爱看书的庐隐不再像个假小子一样疯玩疯闹了。渐渐地，她多了几分娴静，也许正是这份娴静，让一个叫林鸿俊的男孩喜欢上了她。

林鸿俊是庐隐姨母亲戚家的儿子，他得知父亲病重后从日本回国，谁知不久后其父病逝了。他不打算再回日本续学，准备在北京谋份事业，就投奔了庐隐的姨母。林鸿俊与庐隐见过几面，也聊了几次天，他给庐隐的印象算是很不错的。

与身边的男孩对比，林鸿俊低调谦和，庐隐便觉得跟他相处较为亲近。知道庐隐喜欢看小说，林鸿俊借了本《玉梨魂》给她。书里哀艳凄婉的情节几番打动庐隐，引得她泪流不止。书一还回去，林鸿俊看到页面上点点泪痕，一再打听才知道庐隐因这故事动容多次。林鸿俊被庐隐的多愁善感打动，觉得她应是个善解人意的温柔姑娘，执笔给她写了封信诉衷肠，大抵说一些自己的遭遇和心境。庐隐果然对他颇为怜悯，回信安慰他，两人愈加亲密了。

林鸿俊早就倾心于庐隐，见她不仅不排斥自己甚至和他越走越近，误以为两人情投意合，于是他自作主张托人去庐隐家提亲。不料，庐隐的母亲以他受教育程度不高为由拒绝了他。遗憾难过之下，林鸿俊写信告诉庐隐去她家提亲被拒绝一事。本来对他没有感情的庐隐竟为他打抱不平起来，认为母亲太过势力和武断，义愤填膺地写信告诉母亲，不论未来发生什么，自己都甘愿嫁给林鸿俊。

知女莫若母，母亲了解庐隐倔强的性格，纵然气愤许久，仍是拗不过她，只得答应，但也提出了必须等庐隐完成学业后才举办婚礼的条件。想来这时母亲已经非常在乎这个女儿了，倘若她急匆匆地将女儿嫁出去，一来耽误了她的学业前程，二来这个女婿毕竟不是知根知底的，若不是个良人，婚后女儿可有的苦头吃了。母亲此举站在庐隐的角度上看是十分明智的，她提出的条件帮助了意气用事的女儿少走了一大圈弯路。

一年后，十八岁的庐隐告别了中学生活。那时没有女子大学，母亲见庐隐闲置在家，不急着找工作补贴家用，便与家里人一起想办法走动关系，为她在女子中学谋了个教员职位。庐隐只读到中学毕业，国文和英文水平都有限，校长信不过她，只让她当了一个兼教园艺的体操教员。教学事业虽不轻松，庐隐仍是勉勉强强地挺了过来，然而不擅园艺的她却在园艺课上出了差错，教导得十分糟糕。庐隐成日提心吊胆，既怕误人子弟，又怕校长怪罪，最后终于决定辞去教员职位另谋生路。

正好庐隐的同学舒畹荪在安徽省安庆女子师范学校附属实验小学当校长，邀请她去帮忙教学，刚失业的庐隐立马就答应了。在安庆女师附小，庐隐仍然任职体操教员，还兼教一些国文写字等自己熟悉的课程。有过先前的教学经验，庐隐在这里工作得顺风顺水，不想太顺了也未必是好事，庐隐仅做了半年便开始厌烦了。离开安庆，庐隐再次闲置在家，终日受着母亲的埋怨。

庐隐在家闲置一段时间后，正赶上河南开封女子师范学校招聘教师，庐隐与一位同学结伴前去任教。这一次，庐隐同样没有坚持多久，一方面当地思想守旧的教员并不欢迎她们这些拥有新思想的女生，另一方面是她自己的问题，庐隐也承认过：“我的心是浮动的，无论到了什么地方，我都不能平静地久住下去，算命的人说我正在走驿马运，所以要东奔西走。我自己虽然不信命相，不过喜欢跑，我是不否认的。”

年复一年，庐隐就这样来来去去，干半年，辞一次，循环几回，家中表姊妹们都奚落她为“教书一学期”先生。庐隐不争不辩，她明白问题确实在自己身上，性情浮躁，定不下心来去长久地做一项工作。

枯燥的工作经历使得庐隐倍加怀念学生时代，这时她看到了希望的曙光，1919年，北京女子师范学校升格为国立女子高等师范学校，开始招收中国公办教育史上第一届女大学生。庐隐想要读大学继续深造，母亲却不愿再为她负担学费。没有收入的庐隐不得不再次南下安庆，回那里的小学当教员赚取大学学费。

半年过去，庐隐带着积攒的200元薪资返京，然而，满心欢喜的她发现招考期限早已过去。强烈的求学欲望驱使着庐隐几次三番找到母校求情，终于因母校老师的通融，得以成为旁听生就读，一学期后才转为正式学生。

庐隐虽未亲身参与五四运动，但五四运动对庐隐的影响非常大，她接受了新思潮的洗礼，迅速成为校内外的活跃分子。1919年11月，震惊中外的“福州惨案”发生后，庐隐与女高师的老乡王世瑛等人，参加了在福州会馆举办的同乡会，与北京大学政治学系的学生郭梦良结缘。

郭梦良与庐隐同龄，来自福建闽侯县郭宅村（今福州市仓山区盖山镇郭宅村），在离家求学前已开始了一段包办婚姻。“福州惨案”发生后，郭梦良与友人发起成立了福建同乡会，创办刊物《闽潮》，热爱文学的庐隐加入了《闽潮》的编辑部，自此和郭梦良交往甚密，感情逐渐升温。正当庐隐与郭梦良感情进入白热化阶段，早先庐隐意气用事执意要嫁的林鸿俊，已从北京工业专科学校毕业，成为山东糖厂的一名工程师。想着庐隐即将毕业，林鸿俊写信提出婚约一事，要求尽早结婚。而此刻庐隐与郭梦良正情到浓时，自是不愿答应，就在回信中要求退婚。林鸿俊被深深刺激到了，一怒之下娶了糖厂老板的女儿。

林鸿俊早早提亲，毕业后又急忙催婚，催婚不成反被退婚后便急匆匆地与别的女人结姻，他所追求的，不过是一段婚姻，一个家庭，并非执着于庐隐这个人。仅仅因为被激怒便贸然迎娶她人实在不够成熟冷静，就像恋人间刚一分手，还未处理好彼此的感情与牵绊就急着另寻他人，这又如何能确定自己不是在寻找排解寂寞的代替品呢？

话说回来，我是欣赏林鸿俊的豁达的。当初与庐隐有了婚约，盼着有朝一日与她喜结连理，忍耐寂寞苦苦等待多年，却只盼来了一场空欢喜，叫他怎能不怒？若是无动于衷，只怕对庐隐根本没有用情！世间男女，谁又不是追求着一段美满婚约、一个安稳家庭？男女之间，一份执念，能执一时的人不在话下，能执一世的，真是太少了。

没有至高无上的爱

《隐娘小传》是庐隐在认识郭梦良之前根据自己与林鸿俊的恋爱故事写下的一篇文言小说，后觉“隐娘”不够雅致，便取典自“庐山真面目，隐约未可睹”，改笔名为庐隐。这篇算是写作练习的小说，随着与林鸿俊的分道扬镳以及白话文的盛行，被她撕毁。

1923年10月和12月，庐隐的中篇小说《海滨故人》被分别刊登在上海《小说月报》10月期和12月期，这是庐隐的代表作和成名作，也是中国现代文学史上最早表现女大学生婚恋生活的作品。该小说中露沙与恋爱对象梓青两个角色，原型分别是庐隐本人和郭梦良。

在庐隐的小说中，几乎都能找到她自己的影子。在她的书信体小说《或人的悲哀》里，就能找出女主角亚侠与她本人的相似之处。

在《海滨故人》中，庐隐是这样描述露沙的：“当她幼年时饱受冷刻环境的熏染，养成孤僻倔强的脾气，而她天性又极富于感情，所以她竟是个智情不调和的人。”

幼年“饱受冷刻环境”，脾气“孤僻倔强”，“天性又极富于感情”，“智情不调和”，这不正是庐隐的真实写照吗？儿时不愉快的成长经历她没有忘记，或多或少因那段经历而塑造成的性格她亦十分了解。

关于梓青与露沙的感情，庐隐写道：“梓青是个沉默孤高的青年，他的议论最彻底，在会议的席上，他不大喜欢说话，但他的论文极多。露沙最喜欢读他的作品，在心流的沟里，她和他不知不觉已打通了，因此不断地通信，从泛泛的交谊，变为同道的深契……

在这个时期里，她的思想最有进步，并且她又开拓研究哲学，把从前懵懵懂懂的态度都改了。”

现今虽然流行反差萌，大家都爱看高个儿的找矮个儿的，开朗的找内向的，活泼的找沉静的，但事实上不管别人还是自己，都更容易被性格相似、志同道合的人所吸引。郭梦良“沉默孤高”“议论最彻底”“不大喜欢说话”“论文极多”，这几点说明他不仅性格与庐隐相像，两个人志趣也相投，都热爱文学并擅长写文章。

庐隐不像母亲，新思潮深刻影响着她，就算没有遇到郭梦良，就算有婚约在身，她也不会接受林鸿俊做自己丈夫的。这个男人平庸或伟大倒是其次，关键在于两个没有共同话题的人组建的家庭，气氛势必会沉重烦闷，相处久了大家都不会愉快。正所谓道不同不相为谋，无话可说，便无需多说。在我看来，与林鸿俊之间的感情是庐隐形式上的初恋，郭梦良才是她真正意义上的初恋。

母亲就不同了，思想封建守旧的她，怎能接受女儿退婚和一位已婚男子相爱的事实？即使放到现在，插足别人家庭仍然是件令人羞耻的事，何况是20世纪的旧中国。无地自容的母亲再也无法忍受亲戚们的冷语讥言，孤身回到了福州老家。

1922年夏天，从女高师毕业后，二十四岁的庐隐来到安徽宣城，在当地一所中学当了一个学期的教员。寒假返回北京就得知母亲病危，等匆忙赶到福州时，母亲已先走一步了。长久郁积的诸多不快，使哥哥妹妹们与庐隐愤然决裂。然而，亲友的强烈反对并没能阻止庐隐追随郭梦良南下。

1923年夏天，庐隐与郭梦良在上海远东饭店举行婚礼。嫁给本就有妻子的郭梦良，庐隐心中并不觉得有何不妥，直到婚后随郭梦良回福建探亲，与他的发妻林瑞贞同处一个屋檐下，才真真切切感觉尴尬。在写给好友程俊英的书信里，庐隐道："过去我们所理想的那种至高无上的爱，只应天上有，不在人间。你问我婚后的情况，老实说吧，蜜月还算称心，过此则一言难尽。应郭父母之命，回乡探亲，备尝奚落之苦，而郭处之泰然。俊英，此岂理想主义者之过乎！"

庐隐明知郭梦良有家室，仍坚持与之结婚，并将自己与郭梦良的感情比作"至高无上的爱"。然而，只是为了所谓的"至高无上的爱"，成为别人家庭的第三者，要别人的妻子为这份"至高无上的爱"来受罪埋单，那这份爱，就至高无上得有些可笑了。

多一点爱留给自己

庐隐与郭梦良这段尴尬的婚姻只维持了两年多。1925年10月6日，郭梦良因积劳成疾猝然长逝，悲恸的庐隐将亡夫的灵柩送回福建老家，把幼女郭薇萱托付给郭母抚养，独自前往福建女子师范学校任教。这一次，她依然仅干了一个学期的教学职务。

1926年夏天，庐隐带着女儿来到上海，在同乡欧元怀创办的大夏大学任指导员。一学期后，庐隐再次辞职，回到北京，后担任过中华平民教育促进会的文字编辑等职位，还与朋友筹办了华严书店和《华严半月刊》。

为纪念1928年病逝的挚友石评梅，庐隐于1931年创作了长篇小说《象牙戒指》，该书不仅讲述了石评梅的爱情故事，也描述了自己与李唯建的一段情事。

1928年，经北大林宰平教授介绍，庐隐与这位来自四川成都的清华学生认识了。庐隐对写信有着特别的偏爱，1929年春到1930年春，她与李唯建共写下了68封书信，从这些信中可以大致了解两人的恋爱经过。例如,对庐隐的坎坷经历有所了解后，李唯建对她产生怜悯之情，随着两人一步步相互深入了解，李唯建率先表白道："我愿你把你心灵的一切都交给我，我虽是弱者，但担负你的一切我敢自夸是有余的！"李唯建不顾一切的爱起初让庐隐不知所措，但最终他的深情打动了庐隐，使她写下了这样的一句话："请你用伟大的同情来抚慰我吧！"

1930年秋天，庐隐第二次在一片反对声中，与小自己九岁的李唯建结婚。辞职后，她与第二任丈夫和女儿郭薇萱寄居日本东京。未完书稿《东京小品》便是在她旅日时期创作的。在日本的生活，没有期待的那样愉快，几个月后，迫于经济压力，庐隐一家回国，寄居杭州西湖畔。

嫁给李唯建，庐隐没有过上称心的家庭生活。丈夫对她的要求太多太高，对自己的要求却太少太低。由于年少丧母，李唯建对母亲的渴望较为明显和严重，他总是不自觉地将年长他多岁的妻子当做母亲来依赖，他不仅要求庐隐工作赚钱，还希望她工作之余把精力都投入到家庭中，像母亲般照顾好他和女儿。

庐隐的两段婚姻都未得到亲友的支持，旁观者明白这两个男人并不适合她，但她坚定的自我意识使她总是一意孤行。作为一个大半生都在为女权奋斗，为女性呐喊的新女性作家，没能拥有自己所渴望的圆满、持久的爱情和婚姻，着实令人惋惜。究其原因大抵是她太过自我，而且并不懂得恋爱可以自我，婚姻却不行。

恋爱是两个人的事，两个人怎么样谈也不过是花前月下卿卿我我，你父母不同意我父母不允许，这都没关系，只要努力创造机会，仍然可以手拉手肩并肩把恋爱谈下去。婚姻就不是两个人的事了，它关乎两个家庭，一旦结了婚，两个人过起了柴米油盐的日子，恋爱时没关注的事一窝蜂地涌来，互相之间爱得不够坚定和心理承受力不够强的夫妻，就很容易出现问题。

来到杭州半年后，庐隐的第二个女儿李瀛仙诞生。小女儿的到来，为经济本就不宽裕的家增添了新的负担，生完孩子不久，庐隐就去上海工部局女子中学任职国文教员，全家人迁居到了上海。

1934年5月13日，与李唯建有了第二胎的庐隐，为节省开支没有选择去医院生产，而是在自己家弄堂的小屋子里分娩。后因子宫破裂导致大出血被李唯建转送到医院时，已为时过晚。三十六岁的庐隐，这位五四时期与冰心齐名的优秀并高产的女作家，在奋力将一个生命带到这个世界来的时候，却无奈而悲哀地离开了这个世界。

在庐隐的自传里，她写道："什么礼教，什么社会的讥弹，都从我手里打得粉碎了。我们洒然地离开，宣告了以真情为基础的结合，翱翔于蓬莱仙境，从此以后，我的笔调也跟着改变。"

庐隐是洒脱的，是随性的，也是盲目的。她所追寻的很多东西都不切实际，"至高无上的爱""翱翔于蓬莱仙境"，这些只是她自己对爱情不切实际的幻想。婚姻虽然是以爱情为基础，然而仅有爱情的婚姻是很难维系的。

细论起来，人世间真情并不少见，但残酷冷漠亦不少见，想要舒适、有尊严地立足于社会，必须得有除了真情以外能够保护自己的其他武器。爱情中亦然，我们不单要爱，还要会爱。会爱别人，更要会爱自己，在保护别人的同时，也别忘了保护自己。

盲目的情感是一叶找不到彼岸的孤舟，会将人引入无尽的烦恼苦痛之中。凭着一股子激情打破世俗冲破阻碍的爱，可贵，但也伤人。婚姻不是儿戏，我们不能耗尽一生陪一个不适合的人过家家。

PART 5

张爱玲

生命是一袭华美衣袍

奇事物，那时候，父亲也未曾待她太过冷酷苛刻。张爱玲幼年的不幸，在其后母到来之前，还未完全、真正地开始。

尽管黄逸梵归国后重回家庭，与堕落迂腐的丈夫张志沂仍旧无法跨越性格习惯和思想见地上的鸿沟。在无数次无果的争吵后，1930年，诸多矛盾无法调和的夫妻二人协议离婚。那一年，张爱玲十岁。

十一岁，张爱玲进入上海圣玛利亚女校。上中学后她回家的次数逐渐变少，沉闷的家庭氛围远没有学校新鲜热闹的气氛吸引她。偶尔，张爱玲会去姑姑那里，父亲要续弦的消息，就是从姑姑口中听来的。若是年龄稍大些，对父亲再娶也许会反感抵触，对继母这种人物却不会害怕，但那时候的张爱玲，只是个十来岁的小姑娘，听过看过不少关于继母的恶劣事迹，心里必定会惶恐不安。然而，女儿的惶恐不安，对于一个冷漠自私的父亲而言，并没有任何影响。1934年，张爱玲的父亲张志沂将前北洋政府总理孙宝琦的女儿孙用蕃娶回了家。

张爱玲的继母孙用蕃与多数小说、影视剧中继母的形象相差无几，虽然出身名门，但打骂张爱玲时，却是一点也没有名门千金该有的气度。如此一来，张爱玲回家的次数就更少了，偶尔回去一趟，也只是淡淡地与继母打个招呼，客套几句而已。继母与父亲都染上了“芙蓉癖”，两人躺在榻上拿着烟杆吞云吐雾的场景，令张爱玲感到既厌恶又无奈。

继母出现之前，与父母的疏离只是让张爱玲缺失了温暖的亲情，然而，随着继母的出现，孤独冷寂的生活中又增添了让她日后刻骨铭心的一种羞愤。1944年的某期《天地》杂志上，刊登过张爱玲一篇名为《童言无忌》的散文，文中有一段文字是这样描写她与继母的生活片段的："有一个时期在继母治下生活着，拣她穿剩的衣服穿，穿不完地穿着。就像浑身都生了冻疮，冬天已经过去了，还留着冻疮的疤——是那样的憎恶与羞耻。"

对于张爱玲而言，十四岁到十八岁的那几年，一定漫长得遥遥无期。然而，在继母的羞辱与虐待之下，张爱玲就这样度过了自己的整个青春期。

筷子兄弟一首《父亲》传遍大街小巷。走红的原因除了朗朗上口的曲调，更是那感人至深的歌词。若是这首脍炙人口的歌曲早在张爱玲那个时代便被创作出来，入了她的耳后，会是怎样一种潸然泪下寒彻心扉的悲凉。

续弦之前，父亲只管吃喝嫖赌抽大烟；续弦之后，父亲继续吃喝嫖赌，然后和继母一起抽大烟。另娶的这位妻子如何打骂自己的女儿，在他眼里都只是一件稀松平常的小事。

一次张爱玲挨了继母一耳光，出口顶撞继母并忍无可忍地想要还手，却遭到了父亲的一顿毒打，拳脚相加过后，父亲竟然丧心病狂地扬言要开枪杀了她！

孤苦无助的张爱玲被父亲软禁起来，姑姑曾来替她说情，却被自己的哥哥打伤住院，再没人能帮上她了。张爱玲被父亲关进了一个空房间，一关就是半年，她在禁闭中度过了自己的十七岁生日。

“那时夜晚房间楼板上散落的蓝色月光，透着静静的杀机。”她笔端流出这样一句话。惊心的文字，被她用淡静的笔调写下，好似说着一件与己无关的事，不难想象，在被父亲关禁闭的那些夜晚，那洒进阁楼的凄冷的月光，曾给过张爱玲多么冰凉彻骨的绝望。

在被关禁闭的日子里，张爱玲不幸患上痢疾，父亲既不请医生为她治疗，也不给她用药。每天身处空荡荡的房，面对四面冷冰冰的墙，张爱玲忍受着身体和心灵的双重折磨，仍然坚定不移地想要逃出这个囚禁自己的牢笼。

病情一天天恶化，就在张爱玲以为自己的生命即将走到终点的时候，父亲的心，终于软了下来。他背着继母暗地里偷偷地给女儿注射消炎的抗生素剂，几次下来张爱玲病情明显好转，休养一段时间后，逐渐恢复健康。病重的时候盼着逃跑，病好了自然更急切地想要逃了，一个冬天的夜晚，张爱玲躲过了看守的巡警，永远地离开了这个给过她太多创伤与阴影的家。

离家出走的张爱玲投奔了母亲和姑姑，与她们生活了将近两年的时光。怀揣着出国留学的梦想，张爱玲开始准备伦敦大学入学考试，最终获得了远东地区第一名的优异成绩。但第二次世界大战的爆发阻碍了她的留学之路，1939年，张爱玲辗转去了香港大学。在香港大学求学期间，每一门功课都得第一名的张爱玲，两年内便囊括了港大文科的奖学金。带有自传性质的散文《天才梦》，就创作于她的大学时期，文章的结尾处写下了一句众所周知的名言：

生命是一袭华美的袍，爬满了虱子。

很难想象这样的文字是出自于一位未满十九岁的少女笔下。寻常少女的眼里，生命的确是华美精彩的，可是在一帆风顺的成长道路之上，涉世未深的她们看不见那些犹如虱子般令人恐惧厌恶的诸多难堪。

1942年，战乱迫使张爱玲不得不中断学业，她再次回到故乡上海。此时母亲已不在国内，她不愿也不能再回到父亲身边，于是住入了姑姑租的公寓里。因经济问题，张爱玲未能在上海续学，并正式以写作为专职，靠稿费维持生计。她以独特的文风迅速在文坛上独树一帜，仅用了两年时间，张爱玲就红遍了大街小巷。

尘埃里开出的爱情花

一朵花蕾若是在初期缺了必不可少的阳光、雨露、养分，盛开得迟是理应之事。可是这朵花蕾，日后一旦多了一丝阳光，多了一滴雨露，多了一点养分，盛开得比寻常花朵更为绚烂热烈也不足为奇。

张爱玲的爱情，就有如一朵迟开的花。那么，这朵花蕾是如何绽放开来的呢？

故事还得从1944年的2月说起。

男人和女人，无论是白首不相离还是分道扬镳，能够相知、相识、相爱一场，总归是缘分。

张爱玲和胡兰成的缘分，是从一张便条开始的。

20世纪40年代初，七岁就写下第一部小说的张爱玲发挥出她深蕴的功底和才华，已然在上海成为备受追捧的女作家。一日，张爱玲如往常一样伏于桌前写作时，收到了门房送来的一张便条，上面写着："爱玲先生赐鉴。贸然拜访，未蒙允见亦有傻气的高兴，留作数日，盼能一续。"

便条落款处的"胡兰成"三个字，她并不陌生。

寒门才子胡兰成曾为香港《南华日报》的编辑，后因鼓吹汉奸理论，受到汪精卫与其妻子的赏识。汪精卫为他的事业开辟了一条"宽阔坦途"，提携胡兰成步步高升。后胡兰成曾任"南京伪政府行政院宣传部次长"和"法制局长"等要职。

偶然看到杂志上刊登的小说《封锁》，胡兰成很受触动，十分欣赏张爱玲的才情，随后又在杂志上看到了她的照片，也许确切地说，他和张爱玲的缘分，是从有了难以抑制地想要见她的想法的那一刻开始的。想法很快被付诸行动，胡兰成从他与张爱玲共同的朋友苏青那里要来她在上海静安寺路的地址，写了一张便条邀请见面。

张爱玲没有忌讳他的文化汉奸身份，欣然赴约。

从黄氏小学毕业后，张爱玲一直就读于圣玛利亚女校，与之日日相处的都是年纪不相上下、同样纯洁无邪的女孩。十九岁赴香港开始大学生涯，期间她几乎只埋头做两件事——读书和写作。长期单纯又单调的日常生活，导致年过二十的张爱玲其情感经历仍如同一张白纸。

在胡兰成的回忆中，如约而至的张爱玲给了他这样的第一印象：

> 像是一个正在成长的十七八岁的孩子，脸上的表情像是一个放学的小女孩，一路上想着自己的心事，小同学喊也不理的正经样子。

二十三岁的张爱玲单纯得如同纯美、恬静的少女。然而，三十八岁的胡兰成却早已不是情窦初开、眉眼无害的少年。

胡兰成风流成性，万花丛中过，片叶不沾身。男女之间的情事，历经得久了，多少是会悟出些道理的。如何投对方所好，如何讨对方欢心，如何吸引对方倾心于己，阅女无数的胡兰成早已深谙其道。涉世未深的张爱玲显然差这样的男人十万八千里，可偏偏，像她这种类型的女孩，十有八九，是要为他着迷的。

然而，最先敲开张爱玲心扉的，是胡兰成的一句略有冒犯的话。

相谈甚欢时，胡兰成忽然问道："你一个月稿费是多少啊？"

试想若是初次见面未曾熟识的男人向我提出这个问题，我极有可能感到不悦。虽然中西方文化差异巨大，但在这一点上，倒是十分一致的。无论在中国还是西方国家，与认识不久还不够熟悉的朋友交流，薪资待遇这种事，如果人家不主动说出，再好奇也请你尽量管住嘴巴别问，否则就是有失礼数，容易招人反感。

特殊的成长背景塑造了张爱玲特殊的性格。从小缺失家庭温

面对男人若有似无的关怀，若即若离的暧昧，不管是大名鼎鼎的女作家还是平淡无奇的女孩儿，都是难以招架的。

1944年8月，年龄相差十五岁的张爱玲与胡兰成结为连理。两人因为时局动荡为防不测而没有举行婚礼，只订立了婚书。

在张爱玲好友炎樱的见证下，由张爱玲撰前两句，胡兰成撰后两句，婚书曰："胡兰成与张爱玲签订终身，结为夫妇，愿使岁月静好，现世安稳。"

然而，期望都是美好的，结局却总是难料的。

因为慈悲，所以懂得

婚后，胡兰成因政治问题逃亡于杭州一带。他的风流并未因逃亡消减半分，1945年，胡兰成与斯家姨太太范秀梅逃难到温州，以夫妻名义同居。

1946年2月，张爱玲离开上海来到温州，表面似是纯粹只为看望丈夫，实则是为了挽救婚姻。

在旅馆的客房内，胡兰成当着她的面与范秀梅谈笑闲聊，她提出要为这位女客人画一幅素描。

静水流深，本作形容人谦卑低调又极富内涵智慧之用，但张爱玲在纸上描着范秀梅的像，我在脑中描着她替人画画时的景象，竟觉得她对胡兰成的感情，用静水流深来形容，也不为过。爱或恨，不张扬、不喧哗，胡兰成曾表示她是个极大度的人，不同一般女子那样小肚鸡肠、争风吃醋，可是她真的不悲不痛吗？

她的确不同于一般女子，她带着比寻常女子酸味更浓的醋，为丈夫的情妇画肖像。从最初走到最后，一路的酸甜苦辣溶在她淡淡的表情里和浅浅的微笑里，安静得歇斯底里，深刻得难诉难泣。

纸上多描一笔，心上多痛一分，最终张爱玲还是没有画下去。事后她说：“我画着画着，只觉他的眉眼神情，他的嘴，越来越像你，心里好不惊动，一阵难受，就再也画不下去了，你还只管问我为何画不下去？”男女相处得久了，是会有夫妻相的。她没有明说，弦外之音无非是明白丈夫已经背叛自己了。

胡兰成说：“因为相知，所以懂得。”

“因为懂得，所以慈悲。”她是这样回他的。

他们互相懂得，慈悲的人却只有她一个。

从温州独回上海，张爱玲体恤他经济拮据生活不易，拿出一些稿费寄去给他。临行前，她留下一番话：“我倘使不得不离开你，亦不至寻短见，亦不能再爱别人，我将只是萎谢了。”想必已经料到这个男人是留不住的了。

在这场爱情里，她盛开得静默却热烈。做胡兰成情妇时，她在小说《红玫瑰与白玫瑰》中写道：

也许每一个男子全都有过这样的两个女人，至少两个。娶了红玫瑰，久而久之，红的变成墙上的一抹蚊子血，白的还是“床前明月光”；娶了白玫瑰，白的便是衣服上沾的一粒饭黏子，红的却是心口上一颗朱砂痣。

是蚊子血还是朱砂痣，是“床前明月光”还是饭黏子，对红玫瑰和白玫瑰来说，关键在于拥有或失去。从某种意义上看，拥有是失去的开始。回上海一年半后，张爱玲寄给胡兰成最后一封信，信上写着：

> 我已经不喜欢你了，你是早已不喜欢我了的。这次的决心，我是经过一年半的长时间考虑的，彼惟时小吉（即“小劫”的隐语），不欲增加你的困难。你不要来寻我，抑或写信来，我亦是不看的了。

绝交信我也曾写过，彼时年少轻狂，满篇负气言语，自认决绝凄烈，多年后读到这寥寥数语，才知道，离开，还是不要喧嚷的好。感情到了，手该牵得干脆，感情走了，手该放得利落。

1952年，张爱玲离开上海赴香港，从此再未回来。1955年，她从香港漂洋过海来到美国。她曾经说，她有时觉得，她是一座孤岛。在我看来，她又像一只在哪儿都无法久留的孤鸟，带着鲜为人道的爱恨，迁徙一生。

关于孤独，我始终持着矛盾的态度。一面抗拒着孤独，一面又本能地寻找孤独，多数时间独自躲在角落，抑制着与众人一起欢呼起舞的渴望，不能脱俗，却如此骄傲。人与人之间，多多少少都会互相影响，互相影响又会导致多多少少的互相改变。

偶然听到一首歌，其中几句歌词叫人尤为动容：

因为孤独的总和，让我们相互依偎着……我们是孤独的总和，所以相聚了……

几乎是在听完这几句的那一瞬间，我想到了张爱玲和赖雅。

1956年，在麦克道威尔文艺营的大厅，张爱玲与赖雅第一次相遇。不知张爱玲与赖雅是否也会害怕孤独，可以肯定的是，他们的孤独，比普通人更为浓烈和纯粹。一个是孤苦伶仃半生难得关爱的盛名女作家，一个是才华未能淋漓施展的不得志男作家。孤独，让他们远离人群；孤独，让他们彼此靠近。

胡兰成通晓沟通之道，不管是爱情还是友情，他的情感世界总是热热闹闹，必不如张爱玲孤独。情况到了赖雅这儿就不同了。他所图所寻的，除了文学事业上的辉煌外，情感上和张爱玲没多大差异，无非也是关怀、了解、温暖。他们给予彼此所需要的慰藉，不存在公平或是不公平，对等或是不对等，他们彼此靠近，彼此握紧。

1956年8月14日，三十六岁的张爱玲嫁给六十五岁的赖雅。有人说张爱玲由于从小缺失父爱，有着严重的恋父情结，在她屈指可数的感情和婚姻中，对方均是年长自己很多的男人。仔细想来，从小历经多重磨难，张爱玲需要的是更能包容和理解她的男人，而这种包容与理解，同龄男人或许很难给予，唯有年龄稍长，经历颇多的男人方能对这样的女子投入对女儿般的关爱。

张爱玲从赖雅那里得到过爱与深情，也因他的年老多病而身担重负。在长达十一年的婚姻生活中，贫穷始终困扰着他们，但我想，就像人们所说的，陪伴，是最长情的告白。始为形影终为参辰的爱情叫人唏嘘，而泥泞的日子里始终有你，便已足矣。

1995年9月8日，人们在洛杉矶的一所公寓里，找到了永远离开的张爱玲。

大概人活一世，该多装傻，太聪慧则伤人伤己，该多自爱，太深情则难得圆满。

她读过那么多的书，写过那么多悲凉凄婉的故事《倾城之恋》《金锁记》《红玫瑰与白玫瑰》……不会不懂“慧极必伤，情深不寿”这道理。然而懂，又能如何？就像飞蛾会扑火，我们明知那个人不该爱但还是会爱，明知这个错不能犯但还是会犯。世间懂规矩的人不少，能遵守规矩的人却不多，否则，就不会有那么多人在分手后，因念念不忘而悔恨痛苦了。

PART 6

胡蝶

戒不掉做自己

纵然一生坎坷，但胡蝶仍然算得上是一个人生赢家。无论是亲人、爱人、友人、同事，很难找出一个不欣赏她或不喜欢她的人，这当然不是缘于她美丽的外表，而是缘于一种让人在何处都能闪耀的人格魅力。

胡 蝶

/

爱情只能遇见，无法预见

歌曲《微甜的回忆》总是让我想到一位已故的明星。这首歌曲并非专为她所作，然而，在了解了她多舛的命运后，歌里的一字一句都让我思及这位在逆流险境中勇往直前的坚强女性……

胡蝶——正如她在十六岁碧玉年华之时为自己取的艺名一般，如同一只自在翩翩的蝴蝶，被风雨打湿了翅膀，艰难却又坚定地飞往自己想去的地方。

她比许多人勤恳，比许多人乐观，比许多人坦荡，比许多人知足，命运却总是将苦难接二连三地抛给她。一生都在失去和接受失去的她，内心的达观境界非我辈所能想象，那一次次“苦难到虚脱的绝境”，是否当真“被时间酿成微甜的回忆”，已不得而知。“胡蝶要飞走了……”这是她留给这个世界的最后一句话。

1908年2月21日，上海提篮桥铺庆里第一弄第三家诞生了一个女婴。这个乳名叫宝娟的囡囡，正是日后享誉海内外的电影皇后胡蝶。

胡蝶原名胡瑞华，出生于铁路职员家庭。三岁时，父亲曾官至京奉铁路总稽查，家庭经济较为稳定，居住地点却不固定，因父亲工作关系，胡蝶年少时长期四处奔波，不稳定的生活虽会造成很多困扰，但也使她收获颇多。来到不同的地方，接触各式各样的人，久而久之，胡蝶越来越会察言观色，能够很快适应新环境并与周围的人愉快相处。丰富的经历和高情商成为她以后在电影事业和人生道路上的一笔弥足珍贵的财富。

早期一部国产电影故事片《海誓》，勾起了胡蝶想要当演员的梦。1924年，胡蝶随全家由广州搬到上海，当时只有十六岁的她因出色的表演天赋和才华被我国历史上第一所电影演员培训学校——中华电影学校录取，她带着胡蝶这样一个美丽的艺名，带着渴望像蝴蝶蹁跹飞舞于花丛的姿态，一步步地走上了实现梦想的道路。

经过短短数月的刻苦培训后，胡蝶在恩师陈寿荫的推荐下参演了银幕处女作《战功》，从一个小小的配角，开始了梦寐以求的电影生涯。之后，胡蝶又在同学徐琴芳的推荐下担纲了《秋扇怨》的女主角。《秋扇怨》于胡蝶的特殊意义，不仅仅是第一部出演女一号的电影，更是她和初恋林雪怀的牵手之作。

林雪怀出道比胡蝶早，尽管资质平平未能被大众认可和熟知，可总算比胡蝶要有些经验，两人拍摄《秋扇怨》时，就经常给她帮助和指点。十七岁的胡蝶，初出茅庐，涉世未深，自然也很容易被这样风度翩翩的男人吸引。越是年轻，越是爱得简单。

《秋扇怨》公映时，两人也将情侣身份从银幕上发展到了现实中。1927年3月22日，上海月宫跳舞场举行了一场轰动一时的订婚仪式，仪式上的两位主角，胡蝶与林雪怀，受到了来自各界亲友的热情祝福。到场宾客不乏各类精英人士，当时最著名的明星电影公司更是抛出了合作的橄榄枝，公司三大巨头张石川、郑正秋、周剑云均出席了他们的订婚现场。

1928年，胡蝶迎来了银幕生涯的转折点，她跳槽进入明星电影公司后，主演了掀起中国电影史上第一次武侠电影热的《火烧红莲寺》，从此一炮而红。

以胡蝶的美丽灵动的外貌、实力深厚的演技、勤奋敬业的精神和通晓人情世故的高情商，走红是必然的。中国最早的电影导演和编剧之一郑正秋对胡蝶就像对女儿一样喜欢，称她为“乖小囡”。中国电影开拓者之一张石川也曾在文章中表达过胡蝶是他最欣赏的演员。作为知名演员，她的职业精神有口皆碑，但她又从不顶着红得发紫的光环傲气凌人，何时何地都亲和有加，平易近人。

事业上一路飘红，感情上却逐渐不顺起来。不知是林雪怀生性风流浪荡，本就喜欢纵情于灯红酒绿的花花世界，还是眼看爱人事业越来越出色，生活越来越出彩，心理开始失衡，沉迷于声色犬马以逃避失败的人生。

两人爱情的裂痕一道道迸开，林雪怀不仅四处留情，事业上也一败涂地。演艺圈没混出名堂，转而弃演从商，经营的买卖全靠胡蝶贴钱周济才勉强维持。他的劣迹恶行，胡蝶不是不知，也不是不信，但要一个女人放弃一段婚姻，对一个男人彻底死心，并不是件容易的事。她对他好言相劝、包容妥协，换来的却是林雪怀更多的欺辱，可是即便是这样，胡蝶依然不愿放手，只因她对他还抱有幻想。

因为不舍，因为还爱，所以无限宽容无限忍让，幻想着他对你多少还是有点感情的，幻想着你所要的幸福只有他能给，幻想着他玩够了疯够了总有一天会回头，然后依赖着这种精神鸦片不断地幻想，相信，被伤害，无限循环……

没有永远不停的雨

幸运的是，在不算太迟的时候，胡蝶打破了对林雪怀的所有幻想。1930年年初，我国第一部有声电影《歌女红牡丹》问世，从全国一路火到南洋，热映了好几个月。片中女主角红牡丹为当红歌女，但人前风光的她，人后却处境凄凉，被丈夫欺凌打骂。红牡丹的悲惨遭遇引起了扮演者胡蝶的深思，在感情方面给了她新的启示。

1930年年底，对林雪怀失望透顶的胡蝶幡然醒悟，一纸诉状要求解除婚约。

林雪怀无赖脾性彻底暴露，他在法庭上大吵大闹，把家丑弄得人尽皆知，"蝶雪解约案"一时闹得沸沸扬扬。人们向来喜欢看热闹，不管好事坏事，先要凑上去看上两眼，评说两句，离开后也不忘宣传两下，一来二去，大街小巷便传满了真真假假的流言蜚语。不难想象，当时的胡蝶承受的心理压力有多大。

论起不按常理出牌，老天才是最擅长的一个。多次出庭解约案后，胡蝶被来自各方面的压力折磨得身心俱疲，然而，更大的狂风暴雨正在向她袭来。1931年11月20日，上海《时事新报》刊登了当时南国诗社著名诗人马君武的两首诗，题目为《马君武感时近作》，其中一首内容如下：

赵四风流朱五狂，翩翩胡蝶正当行。
温柔乡是英雄冢，哪管东师入沈阳。

这首诗抨击的是“九·一八”事变时国民党将领张学良的“不抵抗”行为，并直言张学良的“不抵抗”是因为沉溺于胡蝶的温柔乡。当时《时事新报》的印刷量和阅读量都不少，影响力可见一斑，一时间，“‘九·一八’事变当晚胡蝶陪张学良跳舞”的流言铺天盖地而来，她措手不及地成了祸国殃民的众矢之的。

据《胡蝶回忆录》记载，当她拍完电影从北平回到上海的家时，父亲愤怒地把一张张大字标题为“红颜祸国”“不爱江山爱美人”“东三省就是这样丢掉的”诸如此类的报纸劈头盖脸地向她砸了过去。

就在马君武这两首诗发表后的第二天，胡蝶在报纸上发表了《胡蝶辟谣》的启示，张石川等人也同时发表声明力证胡蝶的清白。这些举动虽然一定程度上遏制了一些流言，但仍不能让胡蝶免遭谩骂和攻击。

后来，胡蝶曾表示，这件事是“我生命史上最感到悲愤的一页”。晚年的张学良在接受采访时也提到过，最恨的便是马君武的那首诗。

众说纷纭，事实的真相到底是什么？为人正直清白的胡蝶，当真有着这样不堪的经历吗？

在《胡蝶回忆录》里写着这样的话：

> 当外景队北上到达天津时，已经是一九三一年“九·一八”事变之后。我们见到由东北撤下了的军队，方知沈阳沦陷，心情沉重……

从这段记述可见，“九·一八”事变当天，胡蝶连天津都还没抵达，如何出现在北平陪张学良跳舞？根据北平报界的报道，胡蝶一行是在九月下旬才抵达北平的。

几十年后，直到20世纪70年代末，在当事人的回忆下，随着相关证据的披露，张学良当晚的行踪才为人所知。事实上，“九·一八”事变之前，张学良正在北平协和医院疗养，“九·一八”事变当晚，他在北平前门的中和戏院陪同英国公使观看梅兰芳演出的京剧。戏还没看完，听到沈阳发生事变的张学良立即返回医院，通过电话了解具体事态的同时向南京政府请示应变策略。

祸国殃民之说，无疑是一个恶毒的诽谤。而这个诽谤背后，掩藏着一个令人发指的阴谋。

“九·一八”事变后，张学良请求南京政府给予援助，将日本军方丑恶的罪行上告国联，希望借此引起国际社会的关注。张学良在东三省的号召力尤其之大，他还未放弃收复国土的行动，让意欲坐稳东三省的日军寝食难安。于是使用下作手段，由日本通讯社放出无中生有的谣言来诬蔑中伤张学良，以削弱他的影响力。

滑稽的是，两个被谣言所困多年的人，一生都不曾见过面。

“蝶雪解约案”和“跳舞”谣言并没有击垮胡蝶，她一边在报纸上为自己辟谣，一边着手准备“蝶雪解约案”的复审，风雨打湿了胡蝶的翅膀，却摧不毁她的坚强。

1931年12月2日，历时一年的“蝶雪解约案”宣告落幕，然而“跳舞”谣言却像一个难以洗净的污点，跟随了她将近半个世纪。

我想，胡蝶在踏入影坛前一定想过自己未来要走的这条路，必然充满了荆棘坎坷，但她没有想到的是，自己一生的痛苦与磨难还远没有结束。胡蝶的一生或许正如她在1932年拍摄的电影《脂粉市场》里所说的那般：“悲观，也没有用；消极，更不是办法。人生的路本来是很艰苦的……”

1935年3月8日，当胡蝶得知事业上的好友兼对手阮玲玉自杀的噩耗后，她失声痛哭。同年6月，林雪怀病逝。当时有一则报道说：“民国二十四年，胡蝶笑了两笑。阮玲玉死，胡蝶一笑；林雪怀死，胡蝶又一笑。”好友和初恋对象相继离开人世，痛心疾首的胡蝶遭受到如此丧心病狂的恶言中伤，仍然沉静坚毅地挺了

束，除租界外的整个上海均被日军占领，胡蝶一家在万般无奈之下迁居香港避难。怎料1941年太平洋战争爆发，香港不再太平，也被日军入侵占领。

当时一个名叫和久田幸助的日本人找到胡蝶，希望她出来拍《胡蝶访东京》，美其名曰只是邀请她去东京游玩，拍个纪录片而已。胡蝶明白这是想拉她做文化汉奸宣传亲日思想，热爱祖国的她当然义正言辞地拒绝了。她也料到自己不会被日本人轻易放过，于是使用障眼法，表面上做出一副打算长居香港的样子，暗地里计划着逃离香港。1942年8月，在东江游击队的帮助下，胡蝶和潘有声成功出逃，几经波折来到重庆。

胡蝶一行到重庆本是来避难，然而世事难料，躲过了一劫，却要面对更为残酷的劫难。为图方便，离开香港时胡蝶几乎把自己的全部家产，包括演出服装和金银首饰等，集中装进了三十个箱子里。胡蝶夫妻二人先撤离去往重庆，箱子委托朋友帮忙办理押运。抵达重庆多日后，胡蝶日等夜盼也没有等来那三十个几乎包含她全部家当的箱子，却等到了一个惊雷般的消息：箱子半路被土匪劫走，已不知去向……

心急如焚的胡蝶找遍了所有能找的人，用遍了一切能用的关系，对她如此重要的那三十个箱子却仍然无法寻回。万般灰心之际，胡蝶从朋友林芷茗那里得到了一丝希望。林芷茗的丈夫是前上海警备司令杨虎，杨虎得知此事后，向胡蝶推荐了一个国民党权高位重的人来帮忙。

走进军统特务头子戴笠的办公室时，胡蝶惴惴不安，见到这个大人物本人后，她悬着的心安定了下来。她原本担心像他这等达官显宦之人是不会对一名电影女星的困难有什么兴趣的，更别提花费时间和精力来帮忙了，不想却出人意料。

戴笠何许人也？身为中国国民革命军陆军中将、国民政府军事委员会调查统计局长官，调查这个案子并非难事。他一边抓捕代运人杨惠敏，一边让胡蝶把丢失之物列一份清单，把箱内所装物件问清明细。一来有助于破案，二来即便破不了案，也便于他按照胡蝶列出的单子把东西买来给她，以新代旧。

案件很快有了结果。杨惠敏与此案无关，胡蝶的财物是被当时横行广东的东江大盗王虎所劫。箱子里一部分贵重物品已被王虎卖出，无法追回，戴笠便派人专程去各地买齐全送回胡蝶家。积蓄失而复得，胡蝶对戴笠万分感激，怎么想得到这个老谋深算的男人正在算计着如何得到自己？

从当初上海滩的小混混，干到了军统特务头子，戴笠的智商、情商和演技都不容小觑。据说早在胡蝶刚成名时，还是小混混的戴笠便喜欢上了她，只要有她参演的电影上映，戴笠宁可省下饭钱也要买票去看。迷恋了多年遥不可及的女人，如今近在咫尺，对有权有势又极有城府的戴笠来说，将其占为己有简直易如反掌，得不得手，只是时间问题。

心心念念的女人有求于己，真可谓天赐良机。有困难要帮忙，于是戴笠费心费力地将胡蝶丢失的积蓄找回补回；没有困难也要制造困难来帮忙，所以戴笠又自导自演了一出戏。

某日，胡蝶刚从外景地回家，就得知潘有声已被军统方面抓走好几天的消息。心慌意乱的胡蝶经多方打听才知丈夫被扣上了所谓“私藏枪支”的罪名。潘有声从被抓时起一直下落不明，胡蝶整日忐忑不安、提心吊胆，情急之下她想起了曾经倾力帮助过自己的戴笠，便登门请求他出手相助。胡蝶离开戴笠公馆不多时，潘有声不仅被释放，还被军统局用专车送了回来。

显然，整个事情都是由戴笠一手控制的。对胡蝶这样正派的女人，不能像其他逢场作戏的交际花一样，戴笠明白，她是用钱买不到，用权换不来的女人。越是这样傲骨铮铮的女子，越是叫男人痴迷。

不久后，胡蝶大病，期间戴笠时常拜访探望，嘘寒问暖关怀备至，看到她简陋的居住环境后，他让胡蝶一家住进自己另一套别墅中。这个举措，自然不仅仅是出于体贴胡蝶，这是为了得到她而采取的进一步行动。

胡蝶一家入住后，戴笠封了潘有声一个专员头衔，一个调虎离山计便把他支去云南做生意了。丈夫一走，胡蝶就陷入孤立无援的状态。

据说为讨胡蝶欢心，戴笠还效仿唐玄宗的做法，从印度空运来她爱吃的水果，并斥巨资建造了一个花园，常陪胡蝶在里面散步。甚至，他还为她遣散了所有相好过的女子。面对这个权重位高的男子的深情，胡蝶低下了眉，她想到自己的丈夫和两个年幼的孩子，以及白发苍苍的母亲。

拒绝吗？经历了诸多磨难，见惯风云的胡蝶自然明白拒绝的代价，她已经三十六岁，不再是年轻冲动的少女，她懂得在这样的乱世中，怎样的选择才是对自己和家人负责。有时候，选择弯腰也需要勇气和智慧。

蝴蝶飞走了

戴笠在胡蝶身上投入的时间、精力和金钱都比较多，所以大致能够得知胡蝶对他来说是十分重要和珍爱的。并且，抗战胜利后，他还打算与胡蝶共组家庭。这时事情变得棘手了，胡蝶本就与他人是法定夫妻，难不成要害她重婚？

远在云南的潘有声回到上海发现妻子竟然失踪，焦急如焚四处打探，奈何知情人都碍于戴笠的权势威望和胡蝶与他的尴尬关系，不愿透露。潘有声终究还是知道了，因为当时上海滩黑道风云人物杜月笙受戴笠之托找到他，目的就是说服他与胡蝶离婚。

杜月笙和戴笠，不仅是黑白两道的大人物，还是交情极深的拜把兄弟。杜月笙一出面，直截了当地提出要潘有声与胡蝶离婚。万般无奈的潘有声为顾全各方安危利益，只能忍气吞声地在戴笠早已准备好的离婚协议书上签下了自己的名字，一个人伤心地离开了。

费尽心机的夺爱计划眼看着就要大功告成了，岂知人算终究不如天算，有些人命中注定只能爱而不得。

1946年3月17日下午1点13分，戴笠乘坐的一架美制DC–47型改装客机在从北平飞往南京的途中坠毁于南京西南的岱山附近。3月21

日，国民党《中央机关报》《中央日报》等各大报纸纷纷刊登“国民党军军统局局长戴笠乘坐的专机坠毁，机上人员无一幸免”这样一则消息，读到报纸的胡蝶，长长地舒了口气，她知道，自己终于解脱了。

在这个雷电轰鸣的夜晚，戴笠离开了，胡蝶自由了。那段长达两年的幽禁生活，胡蝶后来很少提起，至于她对戴笠到底有没有产生感情，两个人一起生活时具体经历过什么，后人只能猜测了。

结束两年幽禁生活的胡蝶找到了潘有声，两人从曾经带给她无数光彩荣耀与痛苦屈辱的上海，搬迁到了香港。然而，在香港过了几年安稳时光后，苦难再次降临。1952年，潘有声被查出已是肝癌晚期，没过几个月便与世长辞，留胡蝶一人独自面对往后几十年的孤寂岁月。生离后重逢本已不易，奈何死别又来得如此猝不及防……

多年前独坐窗前饮茶，思索着生而为人，究竟什么才是最重要的品性。最后得出一个至今仍信守的答案——懂得珍惜。

世间种种，拥有时懂得珍惜，失去后方不悔恨。“辱”比“欺”更伤人，而“悔”比“痛”更伤己。好在两人后来在香港的日子过得温情满满，若在那几年没有平静相守，而是互不体谅吵闹不休，失去丈夫后，胡蝶原本痛不堪言的心里岂不是还要承受锥心刺骨的悔不当初？

在自己的回忆录中，胡蝶这样描述那时的心情：

我一向比较达观，视人生犹如演戏，我常安慰我自己，说苦戏总会演完的，会苦尽甘来的。但这一次，我却真正感到，被命运之神逼到了人生的边缘，看不到曙光，只感到有声的逝去，带走了我生活中一切欢乐、一切生气……

戏如人生，人生如戏。失去得越多越惨痛，这戏就越悲越凄苦。命运赐给很多不幸的女人不幸的人生剧本，有的女人坚持着把戏演到落幕，如胡蝶；有的女人选择中途退场，如阮玲玉。

生或死，皆是个人选择，我们应当尊重他人的选择。但是坚强地挺过去，勇敢地穿过荆棘，被刮破的皮肤里渗出的血，终会结痂，痂落成疤。渐渐地，这些疤痕或消或存或浅或深，都将是保护在心灵之外的一道盾牌，你熬过去的艰难时光越多，盾牌越厚，心灵也就越强大。

年过六旬的胡蝶，在1959年加盟香港邵氏公司后，拍摄了《街童》《两代女性》《苦儿流浪记》等影片，并因《后门》获得了1960年第七届亚洲电影节最佳影片金禾奖，从而获得了最佳女主角称号。

这是胡蝶从跨入影坛后首次得到国际电影界的肯定，也是首位获得这份殊荣的中国演员。在这部使胡蝶名扬中外的电影之后，1966年，胡蝶又参与了《明月几时圆》《塔里的女人》两片的拍摄，才正式结束了长达三十多年的电影生涯。

温庭筠《南歌子词二首》中有两句写道：“玲珑骰子安红豆，入骨相思知不知。”精巧的骰子上那一粒粒红点，如同一颗颗红豆刻在骨上，这份深入骨髓的相思有谁知，纵使知道，又能知多少？

端木蕻良的出现，对萧红而言，在某种意义上，算是一种拯救。不过这种拯救只能是暂时性的。萧红总是把自己的幸福寄托于别人身上，却忘了最可靠最长久的，是自我救赎。无论如何，端木蕻良给过萧红那么一段美好的日子，就像曾经萧军给过她的一样。

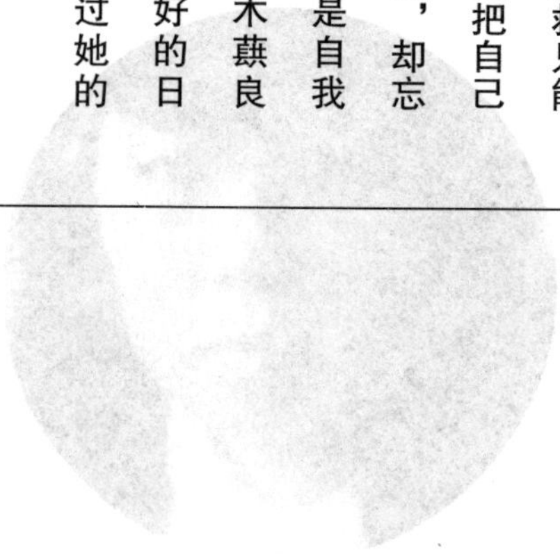

萧 红 / 呼兰河畔的爱与孤独

许鞍华导演的《黄金时代》票房惨败，自上映以来陆续受到很多批评，负面评价中除了表达对拍摄手法不满外，较多侧重点在于，他们认为，国民女神萧红荡气回肠的一生，活活被拍成了一部庸俗不堪的狗血电影。

其实，纵观萧红一生中的很多选择、行为，我并不赞同和欣赏，甚至一度认为不是许鞍华导演把她的人生拍得狗血了，而是她自己就是自己人生的导演，是她狗血了自己的人生。

这种想法是在我听了由林夕作词罗大佑作曲的新歌《只得一生》后，发生某些改变的。起初我只觉得好听，压根没把这歌跟萧红联系到一块去，上网查了查，才知道原来是《黄金时代》的宣传曲。

我开始以新的角度思考这个来自北国的女人，以及她流离坎坷的一生。

1911年农历端午节，原名张迺莹的萧红诞生于黑龙江省呼兰县的一个地主家庭。母亲姜玉兰思想封建，极度重男轻女，直到自己病逝时，对女儿的关爱都非常少。父亲张廷举官职不低，性格专制，对萧红的管教十分严厉苛刻。也许正因为早期管制过度，才造成了她长大后一心只想违抗父亲安排的心理。

在萧红儿时，给予她最多关注的，是她的祖父张维祯。萧红在失去母亲后便与祖父生活在一起。张维祯并非萧红的亲生祖父，因为萧红的父亲张廷举是张维祯的堂弟过继给他的。没有至亲的血脉关系并不妨碍张维祯对萧红的喜爱。他像大多数的爷爷一样，慈爱地讲故事给孙女听，带着孙女去后花园玩耍，任她像小男孩儿般顽皮淘气。不仅如此，他还教她古诗词，算是她文学方面的启蒙者。

比起祖父张维祯和萧红的亲密，萧红与她父亲的关系就显得相当的冷漠与疏离。萧红在散文《永久的憧憬和追求》中提到："父亲常常为贪婪而失掉人性。他对待仆人，对待自己的儿女，以及对待我的祖父，都是同样的吝啬而疏远，甚至于无情……九岁时，母亲死去。父亲也就更变了样，偶然打碎一只杯子，他就要骂到使人发抖的程度……父亲打了我的时候，我就在祖父的房里……"

可见萧红从小没少经受父亲的打骂。萧红的父亲对她的打骂，很多时候并不是源于对她的厚爱和殷切期望，而是自身情绪的一种发泄。

初中时期，萧红就被父亲许配给门当户对的汪恩甲。向往自由追求平等的她自然不肯答应早早出嫁，更不肯为了家族利益顺从父亲的意愿嫁给一个互不了解的陌生男人。她以出家相逼，才得以顺利完成初中学业。

对于未来结婚对象，汪恩甲的兴趣要比萧红浓厚。汪恩甲当上小学教员后，专程跑到萧红的学校看她，想借此了解她，由此可见，他与那些只知玩乐的富贵公子哥儿是有区别的，至少对婚姻情感的态度较为严肃慎重。也许此举感动了萧红，也许汪恩甲本人仪表堂堂，气质相貌吸引了她，总之天时地利人和，两个年轻人渐渐地有了交集，萧红的初恋，就这样开始了。

萧红之所以抗婚，不是针对婚姻对象，而是针对婚姻形式。

旧时女子遵从着“未嫁从父，既嫁从夫，夫死从子”的信条，能不能读书，能读什么样的书，能不能嫁人，能嫁什么样的人，都由不得自己。

封建社会很多习俗萧红都深恶痛绝，包括父母之命、媒妁之言的婚姻形式。然而在反抗婚约的同时，她又被婚约的男主角吸引，常常与他相见，给他写过信，织过毛衣，甚至在继母的带领下参加了汪恩甲父亲的葬礼。以萧红倔强任性的性格，若是对一个人毫无感情，是不可能做出这些事情来的。

短短数十载的一生，萧红的大多决定和行为，都是随着自己心意走的，她在做选择时听从的是感性认知。若是能够理性一点，1928年的冬天，十七岁的萧红就不会离开未婚夫，选择名义上是表哥，实则无血缘关系的有妇之夫陆振舜了。

祖父去世后，十九岁的萧红逃出毫无所恋的家，同已有家室的陆振舜私奔到北平，一边与他婚外同居，一边进入女师附中读书。两个被家庭断绝经济来源就无法自力更生的人，低头妥协各自回家是迟早的事。

感性有余理性不足的萧红，在私奔失败回到家里过完春节后，再一次孤身出走。没有经济来源和一技之长的萧红独自回到北平，生活没有了着落。当初被她抛弃的汪恩甲始终惦念着她，专程来北平寻她、助她。从未婚夫曾几经波折仍然旧情难忘，到后来的萧军和端木蕻良都不计较她身怀别人之子而对她不离不弃可以看出，萧红的魅力还是不小的。萧红极富个性的精神特点及出众卓绝的文学才华，对当时的文艺男青年而言，是极具魅力的。

然而，在主流社会的人眼中，萧红这种打破俗规挣脱封建枷锁的个性使她成为一个奇女子，只不过并不奇得令人欣赏和赞叹，反而奇得沦为人们茶余饭后嘲讽笑话的谈资！

在当地，有门有户的汪家自然因为萧红的奇思异举蒙上了羞，对“不守妇道”的她咬牙切齿，汪恩甲的哥哥汪大澄一怒之下代替弟弟解除婚姻。此举激怒了心高气傲的萧红，她一纸诉状把汪大澄告到法院，控告他代弟休妻。一边是血浓于水的哥哥，一边是心心念念的女子，汪恩甲进退维谷，亲情爱情两难全。最终亲情胜利，汪恩甲为保全哥哥的声誉，违心表示解除婚约属自己的意愿。

哥哥的声誉保全了，所爱的女人脸面却丢尽了。萧红羞愤地再次抛弃汪恩甲，回到故乡。不仅她一个人失了颜面，她轰轰烈烈的事迹也抹黑了家族的颜面，影响了父亲的官途，张廷举被革去省教育厅秘书职务，调任巴彦县教育局督学。随后，张廷举举家迁回阿城县福昌号屯的老家。那段时间，萧红积累了大量的文学创作素材，可她的生活却难以回到正轨。为排解愤懑不平，萧红养成了抽烟喝酒的嗜好，为以后的身体虚弱多病埋下隐患。

人生不如意有十之八九，生活从来不会迁就谁。纵观萧红多灾多难的一生，未必是由命运悲剧和社会悲剧造成的，性格悲剧才是最主要的部分。就如历史作家张耀杰所说："她只想做自己，却又永远做不好自己。""做自己"和"做好自己"，一字之差，千里之别。萧红缺的，就是这个"好"字。

在散文《永久的憧憬和追求》中她写道：

> 祖父时时把多纹的两手放在我的肩上，而后又放在我的头上，我的耳边便响着这样的声音："快快长吧！长大就好了。"二十岁那年，我就逃出了父亲的家庭。直到现在还是过着流浪的生活。"长大"是"长大"了，而没有"好"。

她把"好"，寄托于外界，也许在她的心里，父亲变好了，家庭变好了，社会变好了，自己才算得上是变好了。其实无论外界如何变化，是变得更好抑或更糟，我们哪怕仅仅作为宇宙中渺小若尘的个体，生命的真谛，大概就是努力活出更加美好的自己。

无法原谅的爱情

1931年，被父亲从祖籍上除名的萧红又一次离家出走，这一走，就是一生永别，从此再未踏足故土。她来到哈尔滨，找到了那个曾对簿公堂，被自己抛弃过两次的汪恩甲。1932年，汪母得知儿子与萧红重归于好，立即断其经济来源。那时汪恩甲与萧红同居于哈尔滨道外十六道街的东兴顺旅馆，微薄的薪资不足以支撑两人基本的生活，欠下旅馆一大笔食宿费后，回家筹钱还债的汪恩甲再也没有回来。

如果汪恩甲的有去无回是因为战乱等客观阻碍还情有可原，如果只是出于自私、厌恶，甚至报复心态，扔下怀着他子嗣的萧红独自面对债台高筑的生活，就非常不厚道、没担当了。

纵观萧红和汪恩甲的情感纠葛，想必她不知道一个道理：千万别跟自己曾经抛弃过的男人在一起。嫌弃不一定会抛弃，但抛弃究其根源不外乎某种程度和意义上的嫌弃。而嫌弃，伤人至深。若汪恩甲不是有意弃萧红于不顾，这段感情里，或许没有谁亏欠于谁。

身怀六甲的萧红徒劳地等待着一去不返的汪恩甲，因欠债过多而遭旅馆老板软禁，被威胁若不在期限日期内还款，就只能沦为妓女，以身相抵。萧红万般无奈，只得给《国际协报》编辑部寄去一封求助信。怀着半信半疑的心情，该报副刊编辑裴馨园派萧军前去查探虚实。

萧军，辽宁锦州人，原名刘鸿霖，曾用笔名酡颜三郎、田军等，当时是《国际协报》的自由撰稿人。萧军这个笔名是之后和萧红同甘苦共患难时取的，联合起来意为“小小红军”。

萧军在东兴顺旅馆找到了萧红，在知道了她真实的处境后，萧军同情之余，对这个同样爱好文学的落难女子心生了好感，他开始设法拯救萧红。1932年的夏季，暴雨席卷了整个哈尔滨，松花江决堤，萧军趁着自然灾害导致的混乱，救出被困在旅馆的萧红，然后，两人开始同居。

其实在战火纷飞的时代，人人都陷于危难之中自身难保，维持温饱尚且不易，更别提偿还巨额债务了。可是话又说回来，欠债还钱，天经地义。旅店老板以卖身相逼的确不近人情，然而他并没有敲诈萧红，他讨要的，本就是他该得的。

尽管萧军四处奔走辛劳，仍摆脱不了捉襟见肘的窘困生活，萧红产下一女后，因无力抚养将其送人。1933年元旦，《国际协报》上发表了萧红的短篇小说《王阿嫂的死》，从此她步入文坛，从事写作。

1933年10月，萧红与萧军联合出版的散文集《跋涉》，由于涉及政治敏感内容，被特务机关怀疑，人身自由和安全遭受一定控制与威胁。

1934年6月，二人被迫逃离哈尔滨，来到青岛，萧红在这里完成了她的著作之一《生死场》后，将作品寄给鲁迅，得到了鲁迅的赞许和赏识。同年11月，二萧来到上海，与鲁迅见面，并经鲁迅介绍结识了茅盾、叶紫、聂绀弩等人。

在鲁迅的推荐和帮助下，萧军的重要作品《八月的乡村》与萧红的代表作《生死场》相继出版，轰动文坛，二人在文学事业上取得了巨大成功。在上海的生活逐渐稳定，二萧之间的感情却不再安稳了。萧军性格粗犷强势，时常伤害萧红极其强烈的自尊心，加上生活、文学方面的各种分歧，导致争执不断。

类似的事情并不少见，许多夫妻或恋人患难之际情深意浓，享福之日反而互不相让。因为患难时面临的是外界所带来的困扰，两个人会团结起来一致对抗外部矛盾。外部矛盾得到缓和，日子相对舒坦了，两人的注意力就会从外界转移到对方身上，这时候以前不曾留心过的问题逐渐显现，内部矛盾开始激化，摩擦自然而生。

1936年7月16日，萧红为排忧解虑和修补两人感情裂痕，决定离开上海旅居日本。同年10月，待萧红如亲人般温暖的鲁迅病逝；萧军不仅与他人有了私情，更与二萧共同的朋友走到了一起……离开本是为了失而复得，怎料到这一走，却失去得更多！

1937年1月，萧红从日本回到上海，在接受了萧军的背叛后，仍然与之共同生活。这不是一个明智的选择，但萧红似乎认为自己别无选择。她与家族决裂，远走他乡，情感上唯一亲密无间的人，只有萧军。她不愿放手，似乎如果再失去他，她将一无所有。

可是萧红不愿放手，却也无法原谅，她开始把跟萧军唱反调当作一件乐事，常常激怒他，后果便是遭到一顿殴打。抗日战争爆发后，萧红和萧军逃到武汉，与青年诗人蒋锡金同住在其窄小的寓所里。不久，青年作家端木蕻良也搬来与他们同住。

端木蕻良，原名曹汉文，生于辽宁省昌图县，属于左联作家。与二萧同为东北人，却不似萧军般不拘小节粗犷霸道，不仅衣着时尚，为人也较谦和文静。每当二萧争执不下，端木总是会站在萧红这边，平时对萧红的赞赏也溢于言表，所以萧红对他有所好感，都在意料和情理之中。

当一个人对你十分不好时，若有人对你稍微好一点，或哪怕仅仅是尊重你，也会让人万分感激。端木蕻良的出现，对萧红而言，某种意义上说，算是一种拯救。不过，这种拯救只能是暂时性的。萧红总是把自己的幸福寄托于别人身上，却忘了最可靠最长久的，是自我救赎。无论如何，端木蕻良给过萧红那么一段美好的日子，就像曾经萧军给过她的一样。

人生太短，故事太长

1938年1月，二萧和端木等人在民族大学副校长李公朴的邀请下，赴西安民族大学任教。一个月后，萧军弃笔从戎，在送别的站台上，萧红无语凝噎万分不舍。她明白，这一别，纵使以后还会相见，也不可能破镜重圆。

有人说，忘记一段感情最快最有效的方法就是投入到一段新恋情中去。萧军走后，萧红发现自己怀孕了，当时西安医疗条件太差，手术风险很大，她决定留下孩子。同年4月，怀着萧军孩子的萧红，与端木蕻良确立了恋爱关系，5月，两人于武汉汉口大同酒家，在胡风梅志夫妇的主持下，举行了婚礼。

> 掏肝剖肺地说，我和端木蕻良没有什么罗曼蒂克恋爱史。我对他也没有什么过高的希求，只是想过正常老百姓的夫妻生活，没有争吵、没有打闹、没有不忠、没有讥笑。有的只是谅解、爱护与体贴。我深深感到，以我眼下这种状态的人，还要什么名分？可端木却做了牺牲，就这一点我就感到十分满足了。

这是萧红在婚礼上的一番感言。字里行间，无不透露着对萧军的哀怨，对端木的感激，对美满婚姻的期望。事已至此，她把自己看得太低太低。她的“低”，和张爱玲的“低”不同，后者是因为第一次触碰爱，第一次感受切实的温暖，所以“低”；前者是因为对好不容易才寻到的温暖的依赖，是因为离不开对男人的情感寄托，所以“低”。萧红的“低”，缺了几分骨气。

人生中唯一一段婚姻，让萧红遭遇了友情封锁。当年二萧的爱情一时被传为佳话，好比今时的明星模范夫妻，恩爱得让人只羡鸳鸯不羡仙。希望越大失望越大，由失望引起的愤怒也不会小，大家幻想着两人举案齐眉白头偕老，不想世事难料，两人竟然劳燕分飞各奔东西，又好比恩爱秀不完的明星模范夫妻突然被抓包一方或双方出轨，于是人们纷纷嚷着“再也不相信爱情”。当年冷待萧红的朋友们，未必会“再也不相信爱情”，但“再也看不起萧红”倒是有几分可能性。

婚后，武汉动荡的局势陷入危急状态，人们相继逃往重庆。去往重庆的船票供不应求，端木蕻良留下孕中的萧红独自逃到重庆避难。照顾萧红的安娥，也就是田汉的妻子，由于某些原因未能与她同行，萧红只得一个人离开，所幸中途虽不乏艰难险阻，最终还是安全抵渝。

萧红在重庆的乡间产下一名男婴时，端木不在身边。这个不幸的孩子在世上存活的时间非常短，得知他夭折后，萧红反应淡漠。几乎没有哪个母亲会不爱自己的孩子，只不过爱的深浅、爱的方式各有不同。萧红抛弃了第一个孩子，因为养比生要难。老天夺去了第二个孩子，因为孕期辛劳过度或医疗条件过差又或是命运有意为之……她不爱不痛吗？怎么可能。有时候亦爱亦痛，却无能为力。

1940年1月17日，萧红和端木飞抵香港后，被多种疾病缠身，肺结核严重恶化。来到香港后，萧红创作了她的另一部著作——《呼兰河传》，它不完全是小说，又不完全像自传，也许，它只是这个女人在心里踏遍千山越过万水回到的故乡。

1941年年底，端木一度丢下病榻上的萧红踪迹难寻。关于端木的离开，主要有三种说法：一种说法是端木为逃避责任而离开；另一种说法则认为端木是去筹集病妻的医疗费和两人的生活费，终日奔波，所以不见踪影；第三种说法是端木偶然发现萧红与骆宾基关系暧昧，愤然出走。众说纷纭，真相如何不得而知。

那么骆宾基究竟何人，怎么会在萧红生命的尾期与之牵扯出一段绯闻？

离家后萧红只与弟弟张秀珂保持着书信来往。在香港时，她收到弟弟一封来信，信中恳请她接济自己迫于时局流亡香港的一位友人，这位友人，正是陪她走过生命最后四十四天的骆宾基。

风华正茂的年轻人在纷飞战火中一再延迟逃亡时日，只为陪伴照顾一个大自己好几岁，病入膏肓、生命垂危的女人，不论出于哪种目的和角度，不论二人当时是否互生情愫，骆宾基的做法都值得敬佩。

因庸医误诊后萧红错动了喉管手术，身体越发衰弱，最终于1942年1月22日，结束了她三十一年凄风苦雨的人生之旅。她临终时留下遗言：“我将与蓝天碧水永处，留得半部《红楼》给人写了。半生尽遭白眼冷遇，身先死，不甘！不甘！”接着她又感慨：

“我一生最大的痛苦和不幸都是因为我是个女人。”

林徽因不是女人？谢婉莹不是女人？丁玲不是女人？这些出生于旧时代的女性，与萧红一样经历过战火纷飞的境况和苦难生活的考验，与她一样追求着自由平等，追寻着先进思想，可哪一个似她这般不理性？

不少人认为，萧红的一生，毁在了汪恩甲、萧军和端木蕻良手里。几年前的我若是看到这个观点，也许会表示赞同。当时我坚信，坏男人对女人而言就像是劣质护肤品，用了便会损伤皮肤，用得越久损伤得越厉害，所以一旦发现护肤品不好，一定要立即停用，免得以后皮肤被严重损害，用再好的护肤品也难以挽救。

同理，一旦发现一个男人会伤害你或总是习惯性地伤害你，一定要及早离开，省得最后不得不分手时，寒透的心再好的男人也焐不热了。

不过，世界上真的有那么多坏男人吗？女人糟糕的感情经历一定是由坏男人所导致的？答案当然是否定的。理由简单至极，如果一个人总是熬夜不洗脸还猛吃辛辣食品，无论她用多么昂贵的护肤品，皮肤都不会好到哪里去。因此，如果萧红不改变自己幼稚任性、害怕寂寞、依赖男人的性格，不管遇到的是汪恩甲还是吴恩甲、萧军还是谢军，结局大致也不会有多大改变。

也罢，来这世上走一遭，就如罗大佑所唱：“管它冬夏炎凉也写下了自己的春秋……人生太短故事太长，你不要回眸……”

PART 8

孟小冬

不被承认的痛苦

幸医治得及时，两年之后，稍稍恢复了些。但作为家里的顶梁柱，生病的父亲没法再出台演戏，在没有收入来源的情况下，既要治病又要生活，家里的积蓄没能维持多久便用完了。

当时孟小冬已有了弟弟妹妹，家里添了人丁，等着吃饭的嘴也多了起来。父母没法子，只得无奈地把正在敦化小学读书的长女，九岁的孟小冬，交给她的姨父仇月祥开蒙。开蒙的契约为期三年，但三年期满后，还得再为师傅效力三年加一年。也就是说，在效力的三年里，演出费用全归师傅所有，到了第四年能给家里一半，从第五年开始，演出收入便全属于自己了。

仇月祥在教戏时十分严格，他因材施教，教法自有一套，但决不允许学生学习时有半点马虎。孟小冬每天要学习和练习大量技法，如踢腿、压腿、学唱腔、习身段等，每天除了必要的休息时间外，她的课业被安排得满满当当，时间非常紧张。

那时学艺与现在在学校里学习有很大的差别。学校里好歹还有双休日和寒暑假，但这些孟小冬都没有，只是每日马不停蹄地学与练，因而她进步非常快。孟小冬在晚年回忆时曾描述当时的学艺过程："那时学戏极苦，老师手握旧制铜钱，每段新学的戏，唱一遍放一钱在桌上，一遍遍唱，一个个叠，叠到快倒下为止。"

业精于勤，荒于嬉。旧时的授课方式虽然枯燥沉闷，但老师极其严格，学生又极其勤恳，所以能培养出很多人才来。在拜师前孟小冬已有了些基础，加上天资过人，勤学苦练，进步飞速得连师傅仇月祥都赞叹不已。直到拜师后的下半年，孟小冬等来了初次登台的机会。她在台上客串了《乌盆记》的后半出，一曲唱罢，反响惊人，卓越的表现不论内外行都称赞不已。

仇月祥待孟小冬极好，所有课程全部由他亲身教授。孟小冬也不必像别人学戏那样艰苦，得为师傅干杂活。除吃饭睡觉外，她只管全身心地投入到学戏里面。不知不觉，学艺的三年转瞬即逝。十二岁的孟小冬在无锡登台，一时惊艳四座。

1919年12月14日，孟小冬登上了上海法租界共舞台，这是上海第一家男女合演的戏院，也是上海最大的京剧剧场之一。在共舞台的那一年，孟小冬还常能与父亲孟鸿群同台，女儿成绩卓越、技艺非凡，作为父亲已经相当欣慰，父女俩能够同台演出，幸福之感可想而知。

1921年11月，孟小冬离开共舞台，在汉口演出了近半年时间，就是在那个时期，她得到了精通谭腔的琴师孙老元的指点，加之多场舞台经验，孟小冬的技艺又取得了很大的进步。

1925年春天，孟小冬与师傅、琴师等人随京剧名角白玉昆一行人抵达天津。梨园行有句俗话："北京学艺，天津唱红，上海赚钱。"因为天津的戏迷听戏尤为讲究，对演员要求严苛，在这样的高要求下，若是能唱红了，走遍全国都不成问题。

在天津演出期间，孟小冬成了一批青少年的偶像。她着便装的相片被放在一家照相馆的橱窗里，街上路过的男男女女总要驻足观望。一位曾在天津念中学的戏迷曾写过："不止女子十八一枝花，也不止因为她是名伶，真格的，她实在漂亮极了。我们同学差不多人人都买一两张她的照片，大一点的夹在书里，小的贴在铅笔盒里……”

看来，那个时代的青少年和现在的青少年追星的法子也差不多。那个时代的明星不单单只是看脸看身材，就算颜正体美，功底不行观众一样不买账，后台再强大出镜率再高绯闻炒得再热也白搭。

而曾经勤学苦练的孟小冬，却厚积薄发般地向观众证实了自己的实力。

不被承认的痛

1925年6月5日，孟小冬首登北平三庆园，一出《四郎探母》唱罢后便一炮而红，在整个北平的戏曲界脱颖而出。之后直到年底，孟小冬的演出几乎未曾中断过。在北平的生活渐渐稳定，唱戏、灌片让孟小冬小有积蓄，于是师傅代她写信回上海，希望父母带着弟弟妹妹北上，定居北平，一家人早日团聚。激动又欣慰的父母，收拾妥当，全家去往北京，并定居于此。

就在这一年，事业日渐红火的孟小冬，结识了自己的第一任丈夫，“伶王”梅兰芳。

梅兰芳，北京人，是“四大名旦”之首，也是“梅派”艺术的创始人。与孟小冬一样，出生于梨园世家，他八岁开始学艺，十一岁便登台表演。梅兰芳外貌英俊，气度风雅，表演艺术登峰造极，虽然他比孟小冬大许多岁，但孟小冬爱上他，也是情理之中的事。

两人能够走到一起，除了都暗自倾心于彼此外，还得归功于梅兰芳的朋友们。文人齐如山和冯耿光的撮合功劳最大。尤其是齐如山，他作为梅党中坚分子，对梅兰芳的二房夫人福芝芳尤为不满，因为她对梅兰芳管得太严，连梅兰芳的朋友上家里做客也要看她脸色。于是，齐如山便想把孟小冬推到梅兰芳身边，气一气也治一治福芝芳。

8月的一天，中国银行总裁冯耿光在家中设宴，特邀梅兰芳与孟小冬两人排戏。23日，梅、孟在冯府堂会中珠联璧合，表演取得了巨大成功。自此，梅兰芳若是唱堂会时有《四郎探母》这一出，必定要请孟小冬来合演。那时的北平尽管男伶女伶不能同台，但在堂会戏里可以合演，所以梅、孟二人在堂会上相遇的次数日渐增多，才貌双全的两个人，彼此渐渐暗生情愫。

齐如山和冯耿光将想要撮合两人一事说与梅兰芳听，梅兰芳自是高兴，他与孟小冬两人台上配合默契，台下也暗中倾心于彼此。

梅兰芳一应允，齐如山等人便来到孟小冬家提亲。孟父听明来意后表示，女儿若是能嫁梅兰芳，是她的福分，但梅家已经有了两位太太，女儿嫁过去做偏房，岂不是要受委屈？齐如山当即表示，让孟父放心，大房王氏因病在天津疗养，家中实际只有二房，但若是梅、孟成婚，婚后两人会在另一处生活，这样一来就避免了不必要的纷争。

孟父一听，甚是欢喜。孟小冬心里也欢喜，他们已经表明了“两头大”（即不存在正室偏房，她与福芝芳两人地位同等）。唯独师傅仇月祥不太高兴，他告诉孟小冬，趁现在还年轻又正当红，本可以一直唱下去，一旦结了婚，肯定不能再抛头露面出来唱了。

1927年农历正月二十四，穿了那么多年戏服的孟小冬，在这一天，终于穿上了梦寐以求的凤冠霞帔，嫁与梅兰芳。

婚后不久，不再唱戏的孟小冬渐渐感到空虚寂寞，看来师傅说的那番话确实不假，一旦结了婚，她的舞台生涯也就结束了，而这一切，只因她是女人。让她愤愤不平的是，作为男人的梅兰芳，却依然可以登台演唱，事业照旧红红火火。

除此之外，另一件叫孟小冬不甘心的事是，由于自幼学戏，没受过什么文化教育，她想着同为伶人的梅兰芳、尚小云、余叔岩等人，不仅戏唱得漂亮，还能写会画的，可自己呢？除了唱戏，什么也不会。于是，心有不甘又徒生寂寞的孟小冬，开始跟梅兰芳学起了画画，每天临窗习字，两人还不时地讨论梨园掌故。后来，孟小冬聘请了一位国学老师来教自己书法，渐渐地，她写得了一手好字。

身为她的丈夫，他也是她的朋友与良师，这样一段婚姻关系，这样一个生活伴侣，也曾让孟小冬感受过一个女人最渴望的幸福。然而，平静的生活，却被一场残暴的血案打破。

一个对孟小冬迷恋到走火入魔的男学生，在知道孟小冬不再登台后，把愤怒的矛头对准了梅兰芳，怀着一把手枪便要去暗杀他，没想到梅兰芳竟然躲过了这一大劫，然而阴差阳错之下，梅党中坚分子张汉举却被杀害……

梅兰芳险遭凶杀之事在京城传得沸沸扬扬。一时流言蜚语满天飞，大报小报都就此事大做文章，有人说梅兰芳害张汉举枉死，有人说已有妻室的梅兰芳夺人所爱，舆论众多。梅家二房福芝芳是个极有城府的人，早得知梅兰芳“金屋藏娇”，但她不动声色地把心里的火压了下去，直到血案发生才开始爆发，大肆攻击起孟小冬来。

其实，当初齐如山去孟家提亲时，说的是“两头大”，意指孟小冬嫁给梅兰芳后，不算做小，与福芝芳地位平等，孟家父母才放心将女儿托付给梅兰芳。然而事实上，二房到底分量比孟小冬重，故而发生血案后，种种压力之下，梅兰芳决定不去管流言蜚语，先暂时安抚好家里的福芝芳，等她气消了，风波平息后再去找孟小冬。

梅兰芳不够爱福芝芳，亦不够爱孟小冬。这个男人，想要两头都顾上，偏偏两头都顾不好。感情世界里，是容不得分心的。三妻四妾未尝不可，但也免不得厚此薄彼，不能一心一意爱一个人，又怎能奢望两全其美呢?

受到冷落的孟小冬开始狐疑起来，这才结婚不到一年，怎么和新婚之时差别那么明显？现在十天半个月也见不到梅兰芳的人影。

留住她，只得由她走了。

“余派”代表人物余叔岩的女儿余清慧在一篇文章中写道：“在梅兰芳身边的‘捧梅集团’中，又因梅的两个妾的关系而分成‘捧福派’和‘捧孟派’。梅的原配王氏夫人在世时，孟小冬同她比较合得来；王氏夫人故世后，在‘捧福派’和‘捧孟派’的较量中，前者占了上风，孟小冬不甘继续为妾，遂离婚出走。当时的‘捧福派’有冯耿光、齐如山等。由于父亲当时尚未收孟为徒，但她已私淑余派，其天赋很为我父亲所看重。因此在梅周围的两派争斗时，父亲就偏向于‘捧孟派’。”

明明只是一家人之间的事，却因为丈夫是梅兰芳，竟然弄出了“捧孟派”和“捧福派”，孟小冬的自尊心所受到的伤害和心理承受的压力可想而知。分手，也是必然的了。

孟小冬与梅兰芳分手时曾说过两句极有骨气的话：“请你放心。我不要你的钱。我今后要么不唱戏，再唱戏不会比你差；今后要么不嫁人，再嫁人也绝不会比你差！”话虽说得掷地有声，但一回到娘家，一见到父母，她还是忍不住放声大哭，茶不思饭不想，整日以泪洗面。

很长一段时间，孟小冬都无法从消沉的情绪中走出来，于是她离开父母，再次来到天津詹家，与女主人一起吃斋念佛。

正当风华年纪的孟小冬看破红尘，当众人得知这位名伶潜心修佛不再唱戏后，纷纷表示惋惜。后来，在大家的劝解下，孟小冬决定打开心扉，向世人说明真相，声明自己为何会有这样大的转变。于是，她写了一则“紧要启事”，1933年9月，这份启事于天津《大公报》连登了三天：

启者：冬自幼习艺，谨守家规，虽未读书，略闻礼教，荡检之行，素所不齿。迩来蜚语流传，诽谤横生，甚至有为冬所不堪忍受者。兹为社会明了真相起见，爰将冬之身世，略陈梗概，惟海内贤达鉴之。

窃冬甫届八龄，先严即抱重病，迫于环境，始学皮黄。粗窥皮毛，便出台演唱，藉维生计，历走津沪汉粤、菲律宾各埠。忽忽十年，正事修养。旋经人介绍，与梅兰芳结婚。冬当时年岁幼稚，世故不熟，一切皆听介绍人主持。名定兼祧，尽人皆知。乃兰芳含糊其事，于祧母去世之日，不能实践前言，致名分顿失保障。虽经友人劝导，本人辩论，兰芳概置不理，足见毫无情义可言。

冬自叹身世苦恼，复遭打击，遂毅然与兰芳脱离家庭关系。是我负人？抑人负我？世间自有公论，不待冬之赘言。

抑冬更有重要声明者：数年前，九条胡同有李某，威迫兰芳，致生剧变。有人以为冬与李某颇有关系，当日举动，疑系因冬而发。并有好事者，未经访察，遽编说部，含沙射影，希图敲诈，实属侮辱太甚！

冬与李某素未谋面，且与兰芳未结婚前，从未与任何人交际往来。凡走一地，先严亲自督率照料。冬秉承父训，重视人格，耿耿此怀惟天可鉴。今忽以李事涉及冬身，实堪痛恨！

自声明后，如有故意毁坏本人名誉、妄造是非，淆惑视听者，冬惟有诉之法律之一途。勿谓冬为孤弱女子，遂自甘放弃人权也。特此声明。

谈及同梅兰芳分手原因时，孟小冬只是反问：“是我负人？抑人负我？”而后她又说，“世间自有公论，不待冬之赘言。”

一段感情里，到底是“我负人”还是“人负我”，这是很难说得清的。梅兰芳有做得不妥之处，但当初没有人拿枪顶在孟小冬头上逼着她嫁。虽说是“两头大”，仔细想想，真的就能“两头大”吗？她若是早能预见早能想明白“两头大”是不可能的，早能清楚自己非常在意名分一事，也就不会选择梅兰芳了。

“紧急启事”一经发出，孟小冬得到大家广泛的同情，而一抒胸臆后，她自己的心情也好了不少，思想包袱放下了，该澄清的澄清了，无论如何，替自己辩解过，别人再做何议论，对她来说也无关紧要了。

幸福靠自己给予

之后的日子，孟小冬过得潇洒起来。她在北平重登舞台，不定期地在北平和天津两地演出，劳逸结合，演出之外还勤学书画。从情伤里走出来的女人，已经懂得了幸福要靠自己寻找与给予。放下不甘，放下仇恨，勇敢地挥别过去，坚强地活在当下，努力地打拼未来，才是一个被伤害过的女人，最正确的选择。

1937年，孟小冬、陆素娟、章遏云三位著名青年女演员，应金廷荪邀请从北平来到上海，为黄金大戏院的开幕行剪彩。其实孟小冬与陆素娟、章遏云不同，她是受曾结拜过的姐姐姚玉兰所邀而来，所以没有去住旅馆，而是住在姚玉兰的处所。她万不曾想到，自己的好姐妹，竟然会把自己推给她的丈夫，杜月笙。

姚玉兰是上海黑帮头子杜月笙的四姨太，她早知杜月笙对自己这结拜妹妹有意，又想着孟小冬也三十了，孤单一人很可怜，就趁着晚上孟小冬睡着之际，把杜月笙找了过来……

不管姚玉兰只是单纯地想要帮丈夫促成好事，帮好姐妹找到归宿，还是也想把孟小冬拉进来，与自己联合对抗前面那几个姨太，这种做法都是十分卑鄙可耻的。没有谁能插手别人的人生，看不过去的时候，我们可以提醒，但实在不应该介入，更何况还是以这样卑劣的手段。

半夜里，孟小冬独自一人难以对抗杜月笙，反抗不成，又被他给说动了，想着这些年他也没少帮自己忙，也就顺从了。从此，孟小冬成为了杜月笙的情妇。

日军侵入上海后，杜月笙与姚玉兰逃去香港，孟小冬暂时回到北平。过了一年，杜月笙叫人写信给孟小冬，让她去香港，孟小冬来到香港九龙，住了数月便又回去了。

之后很多年，她总是这般任杜月笙招之即来，挥之即去，她有住处，却又仿佛没有一个真正的家。或许随着日积月累的相处，她是爱着杜月笙的吧，然而这份爱里，有着太多的心酸与无奈。

1938年10月，孟小冬拜余叔岩为师，从此跟着这位大师学习余派，深得余叔岩真传。孟小冬跟着余叔岩苦学五年后，余叔岩因膀胱癌病逝，所幸余氏精髓已为孟小冬习得。

1941年12月8日，太平洋战争爆发，香港沦陷，正在上海的杜月笙只得赶往重庆，三年后回到上海，突然想到孟小冬，又叫人写信，让她速来。这种招之即来，挥之即去的态度，曾让孟小冬委屈了许久。然而，这也是她自己的选择。杜月笙是黑帮头子，以他的权势地位，身边不可能缺女人，不缺女人的男人，是不会单独对某一个女人特别钟情的。孟小冬曾经那样看重名分，因为名分之事还和梅兰芳闹翻了，如今愿意委身与杜月笙，做一个没名没分的情妇，或许是因为爱，或许是因为早已看开了，不愿再去争取了吧……

孟小冬和杜月笙在上海开始同居生活后，1946年，姚玉兰带着儿女们跋山涉水也从重庆来到上海。她一路颠簸，舟车劳顿，一回家却发现杜月笙美人在怀，对她竟爱答不理，姚玉兰难受极了。女人的心事常摆在脸上，孟小冬很快发现姚玉兰的不满，心里不好受，就向杜月笙辞行。

孟小冬与杜月笙这一别，便是十年光景。

1947年8月30日，杜月笙六十大寿这天，他和他的谋士们策划了为期十天的祝寿赈灾义演，受邀前来表演的嘉宾中，便有梅兰芳。孟小冬作为杜月笙的情妇，必定是要为他演上几出的，不过梅兰芳登台的那天，她就不去，到她登台的时候，梅兰芳也没去。最后一天的全体集合里，因为梅兰芳在，孟小冬没有参加合影。

义演结束后，孟小冬向杜月笙辞行。临行前她只留了一件二十年前在北京买的褶子，其余所有行头全送了人，大家看得明白，她这是在告别舞台。身体虚弱，是她隐退的最主要原因。后来她曾告诉过弟子："一戏之耗费精力太多，非体能所胜也。"

1948年，孟小冬独居在北平杜月笙替她买下的房中，身体时常犯病，整日无聊，只靠与牌友打麻将、抽大烟打发时间。下半年，东北战事又起，正当孟小冬惶恐之时，她收到了姚玉兰亲笔写的挂号信，信上表明希望她迅速赶往上海。纵然两人曾经因为杜月笙而有过心结，姚玉兰的这封信这份心，还是让孤身一人的孟小冬备感温暖。她匆匆收拾好行李南下，来到上海与杜月笙和姚玉兰同住。

1949年，在上海解放前一个月，孟小冬与杜月笙一行离开上海，迁往香港定居。到香港后，很长一段日子，孟小冬并不快乐。她陪伴在被疾病缠身的杜月笙身边，却又一直没有一个名分，心里自然是有怨气和委屈的。另外，一大家子人住在同一个屋檐下，大家却总是各干各的事，各吃各的饭，家中明明有人，却又因几乎每个人都要独处而显得十分冷清。

作家章君穀在《杜月笙传》中这样描写道："孟小冬身怀绝艺，孤苦伶仃，一辈子傲岸于荣瘁之际，数不清受过多少次打击，用历经沧桑四字，差堪作为她的写照。她自杜月笙六十那年进门，长日与茗炉药罐为伴，何曾有一日分享过杜月笙的富贵荣华，何曾有一刻得过杜月笙的轻怜蜜爱，因此，乃使杜月笙的病越重，便越觉得自己着实辜负了孟小冬的一片深情。像孟小冬这种卓尔不群的奇女子，让她踏进杜公馆这么一个紊乱复杂的环境，长伴一位风之烛般的久病老人，对她而言，实在是一件很残酷的事情。"

在这种环境氛围下，孟小冬是快乐不起来的。所以，在杜月笙提出搬去法国避风头时，孟小冬终于忍无可忍，却只是淡淡地说了一句："我跟着去，算使唤丫头呢？还是算女朋友呀？"

轻描淡写的一句话，却犹如一声惊雷，把杜月笙给点醒了。他当即表示，去法国的事情暂时缓一缓，当务之急是先把婚事给办了。1950年秋，六十三岁的杜月笙，终于给了四十三岁的孟小冬一个名分。

1951年8月16日，杜月笙病逝于香港，孟小冬分得两万美元遗产。11月左右，孟小冬因与姚玉兰失和，搬出了杜公馆。直到1967年，六十岁的孟小冬与身在台湾的姚玉兰通电话，两人才重归于好。1977年5月26日，享年七十岁的孟小冬，终于不必再忍受咳嗽和气喘的折磨，安详地离开了人世。

孟小冬生命中的两个男人，都曾给过她幸福，却又都没能让她长久地幸福下去。可幸福，终究是要靠自己争取的，她每一次不够明智的选择，造成了后来许许多多的不幸。然而，即便杜月笙曾有负于她，他仍是给了她一个名分，令她不算圆满的人生，也因此而多了一笔温暖的色彩。

PART 9

阮玲玉

爱情不是救赎

正所谓艺术来源于生活，却又高于生活，偶像剧中的灰姑娘因为霸道总裁的出现，从此麻雀跃上枝头变成了凤凰，成为人生的大赢家。而现实中，这样的故事，往往以悲剧收场，就像阮玲玉遇到张达民。在阮玲玉的故事里，灰姑娘的爱情更像是一场被透支的青春。

阮玲玉
/
生活中没有童话

无论是言情小说还是偶像剧，都流行着这样一类男主角，他们相貌英俊、家世显赫、性格霸道，但他们都会不约而同地爱上同一类女人——身世可怜的平凡女孩。也就是常常被网友调侃的“霸道总裁爱上我”系列偶像剧。

正所谓艺术来源于生活，却又高于生活，偶像剧中的灰姑娘因为霸道总裁的出现，从此麻雀跃上枝头变成了凤凰，成为人生的大赢家。而现实中，这样的故事，往往以悲剧收场，就像阮玲玉遇到张达民。在阮玲玉的故事里，灰姑娘的爱情更像是一场被透支的青春。

1910年4月26日，阮凤根来到这个世界，谁也不会想到，这个穷困家庭出身的女孩，多年后会成为风靡全国的当红影星——阮玲玉。阮玲玉的父亲阮用荣是个每天早出晚归的普通工人，他与妻子何阿英生育了两个女儿，但大女儿不幸夭折，只剩下小女儿。按照民间说法，名字取得越接地气，人的生命力就越强，于是阮用荣就给小女儿取名为凤根，希望她的人生，如植物的根基般踏实而坚固。若是他没有早逝，女儿的一生，或许能如同他所期望的那样，然而，辛苦奔波的他积劳成疾，患上肺病，最终无奈地抛下妻子和六岁的女儿离开人世。

父亲一走，母亲不得不成为家里的顶梁柱，她将阮玲玉交给义姐照顾，自己到一个洋官员家里做帮佣。母亲的义姐待阮玲玉不差，但终究是寄人篱下，年幼的心灵总有着难以消除的忧伤和恐惧，原本爱唱爱跳的孩子，在这样的生活中性格变得孤僻起来，身体也越发瘦弱。母女连心，何阿英在洋官员家干了几个月，仍是放不下女儿，于是辞工离开，准备找一份可以把女儿带在身边的工作。然而，哪家会接受一个拖儿带女的佣人呢？经历了长时间的四处碰壁以后，终于有一个大户人家愿意接受这对母女。

这户人家姓张。张家老爷做过官僚，但官场失意后，在商场上倒是混得如鱼得水，家境愈加富裕。1916年，阮玲玉跟随母亲来到上海的张家帮佣。在张家的日子，阮玲玉与母亲过得也并不舒心。张太太与何阿英是同乡，见她们孤儿寡母十分可怜便允许她带着女儿同住，可张太太对她们的同情并没有持续多久，本性刁钻难伺候的她开始训斥甚至打骂身为下人的何阿英。作为下人的女儿，阮玲玉自然处处小心，她的那种仿佛与生俱来的忧郁，就是长期紧张压抑的生活所致。

在张家的生活虽然不幸福，但张家对阮玲玉也曾有过恩情。张老爷是上海崇德女子学校的校董，念及主仆关系，阮玲玉入崇德女子学校读书的学费可酌情减半。若求学之路顺利，阮玲玉的人生或许会是另外一番模样，但人生的风雨，总是这样不可预期。1925年，阮玲玉被迫退学，因为张家突然决定辞退阮母，草草地将她们母女二人打发走了。

阮玲玉的母亲在张家帮佣近十年，没有功劳也有苦劳，为何张家如此唐突和不近人情？张家太太的无情，恰是因她的小儿子张达民，对佣人之女阮玲玉有了私情。

张家四少爷张达民相貌白净，平日里衣着也十分讲究，单外表来看也称得上是翩翩公子。十八岁的富家少爷偶然遇到十五岁的阮玲玉，便再也忘不掉她那娇俏的容颜。

这位少爷为了追求阮玲玉费了挺多心思。男人年少时，肤浅也好花心也好，迷恋起一个女人来，倒也不能说没有动情。这份动情，让他们献出殷勤，被打动的女人逐渐付出真心。好花不常开，好景不常在。当男人对你不再动情，他们的殷勤也随之消失，可付出了真心的女人，却在往昔今昔的落差中回不过神来。等到情伤渐渐愈合，那花一样的青春却不再复返了……

当初爱得多甜多深，结束时就越发冰冷和痛苦。张达民给阮玲玉的，是爱，亦是最深的伤害。

张达民煞费苦心地接近何阿英，一改从前的大少爷脾气，彬彬有礼谦和平易，何阿英对他的好感大增，不禁透露出了很多女儿的性格和喜好。打听到阮玲玉的消息后，张达民开始投其所好，他经常约她去昆山花园散步，又时常对她嘘寒问暖。伪装后的张达民很快就取得了阮家母女的信任，以及阮玲玉的爱情。

那时的上海，主仆相爱都犯罪，归为私通一类。且不说法律条约，张家人反对这份爱情的最根本原因是门不当户不对，身份地位极为悬殊。在旧社会的大户人家眼里，和佣人之女结婚，会令整个家族蒙羞，他们不会允许那自认为“高贵”的血统，掺杂进“低贱”的血液。

尽管张达民不学无术，但多少受过五四新思潮的影响，与父母不同的是，他已经有了平等意识，况且一个陷入爱情的年轻人，哪会顾忌身份的高低贵贱？通常他们连彼此适不适合都不清楚。他们的爱，是天雷勾地火的眼神交汇，是浪漫燃情的心灵碰撞……诚然，这也是爱，但这仅仅只是一种爱而已。无怨无悔的付出、相濡以沫的厮守、相忘江湖的成全，这世界上还有很多种爱，只是每种不同的脾气性格和每个不同的年龄阶段，表现爱的方式不一样。

张达民给阮玲玉的爱，是自私的、短暂的、不成熟的。这一点，仅从他极力劝说何阿英，让未成年的阮玲玉与自己同居就可以看出来。

一个悲剧，往往不是由一个人造成的。如果何阿英足够精明、足够疼爱女儿，她一定不会认为张达民的提议是件好事，反而会坚决阻止。可惜，她竟然把不学无术的纨绔子弟当成了一座好的靠山，只因他那显赫的家世。既然与自己相依为命的母亲都不反对，单纯的、情窦初开的阮玲玉，与张达民开始过家家似的过起了同居的日子。

爱情里没有救世主

张慧冲是张家大公子，除了“张达民的大哥”这个身份外，他还有另外一个大名鼎鼎的身份，中国电影创始人之一。张达民与阮玲玉交往后，常常带她去大哥的片场，阮玲玉自身形象很好，便时不时在电影里客串各种角色，积累了一定的表演经验。1926年，阮玲玉经张慧冲介绍报考了上海明星电影公司，不久后参与处女作《挂名夫妻》的拍摄。

所谓“挂名”，意指有名无实。讽刺的是，在她参演《挂名夫妻》时，所处的却是有夫妻之实无夫妻之名的境地。因为张家夫妇无论如何都不肯接受一个佣人的女儿做儿媳，哪怕当时的阮玲玉经济已经完全独立，出身卑微的她仍然入不了他们的眼。

有人说阮玲玉性格软弱，这种情况就该拂袖而去一走了之。不否认她性格中有软弱的部分，然而她没有放弃这段感情，不单只是因为软弱。阮玲玉这样的女子，或许会轻易爱上一个人，但大抵是不会轻易不爱一个人的。因为还爱，所以不愿离开。

张达民待她，也曾柔情蜜语。两个人时常打打麻将跳跳舞，还领养了一个女儿，日子过得甜蜜安逸。阮玲玉与多数女人所追求的并无大异，一辈子平平淡淡无所谓，一辈子相亲相爱才最好。然而，平平淡淡一辈子容易，相亲相爱一辈子太难！

在明星公司那几年，阮玲玉拍了很多部影片，演了很多小角色，当了很多次花瓶，终于在《野草闲花》和《故都春梦》里担当主演。身为女主角的她，入木三分的表演将两个性格迥异的人物刻画得深刻而逼真。而两部影片同期公映，引起热烈反响，阮玲玉成为当时当之无愧的当红影星。

不幸的是，事业风生水起的阮玲玉，不得不面对情场的失意。那个曾经视她为爱人的张达民，沉迷赌博输光了所有遗产后，开始视她为他的一棵摇钱树了。准确地说，这不仅仅是情场失意的问题了，这是一场悲剧的开始。

不是没有想过离开，但恋爱过的人都知道，分手，很少是一次就能成功的。那些彻底断绝恋爱关系的人，要么是之前分分合合太多次双方都已疲惫不堪，要么是其中一方太伤人另一方又足够决绝，要么是出现了一个让其中一方看到希望的人，阮玲玉的情况，属于最后一种。

让阮玲玉在感情道路上看到希望的男人，叫作唐季珊。作为东南亚著名富商，除了经营茶叶，唐季珊还是联华电影厂的大股东。在一次宴会上，唐季珊认识了阮玲玉，两人还一起跳过几次舞。后来唐季珊常常来到联华的片场，每次出现，都会给阮玲玉送上一束鲜花，花里夹着一张写着关切话的小纸条。送阮玲玉进场后等她拍完戏又来接她，一起聊聊天吃吃饭。唐季珊追女人的方式不算新奇，以他的财力和地位也不算付出得很多，在他看来，追求女人，实质上是一场游戏。

唐季珊在广东的家里有着一个名正言顺的老婆，不过外出期间，他隐瞒了自己已婚的事实，假装单身骗取女人的身体和感情。在接近阮玲玉之前，唐季珊就抛弃了情妇张织云。电影皇后张织云曾为了他退出影坛，怎料男人可以说走就走，影坛却不能想回就回。莎士比亚曾写道："女人啊，你的名字叫脆弱！"这话不完全对也不完全错，的确很多女人十分脆弱，但也有很多女人相当坚强。

多数时候，女人比男人更容易相信对方，所以相比起来她们更不切实际。据说张织云曾好意提醒过她，依然没能阻止她从一个火坑爬出，跳入另一个火坑。

1933年3月，阮玲玉带着母亲与养女，开始与唐季珊同居。从外地回沪的张达民发现人去楼空，愤怒扬言要将阮玲玉告上法庭。说到底都是他欠阮玲玉的，可即便阮玲玉什么也不欠他，她还是非常害怕。因为“同居”在当时的上海虽然不算是一件十分违背道德伦理的事，但阮玲玉曾是仆人的女儿，张达民曾是主人的儿子，主仆私通，就会遭到强烈的舆论谴责。这个软肋叫张达民给捏住了，已是当红电影明星的阮玲玉，作为公众人物，不愿背负这个不公平的罪名，被人看轻。她宁愿妥协退让，于是在律师的公证下与张达民签了分手契约，双方达成协议，阮玲玉此后每月给张达民一百元钱，为期两年。

损失些钱财处理掉一段腐坏的感情，的确是件让人欣喜万分的事。离开张达民的那一年，在阮玲玉短暂的一生中，算是一段最幸福的时光了。尽管依然没有一个妻子的名分，但好歹她和唐季珊有了属于自己的家。

1934年年底，《神女》和《新女性》相继上映，两部影片取得空前成功，阮玲玉作为女主角，名利双收。就在一切都似乎走上通往幸福的轨道时，1934年12月27日，一封律师函如同一道晴天霹雳，将阮玲玉推入狂风暴雨中。

在律师函里，张达民通知阮玲玉，他要以“窃取财物”“侵占衣饰”“私刻张氏之图章”这些罪名状告她。“窃取财物”和“侵占衣饰”为张达民所捏造的莫须有罪名，他试图以此诬蔑并抹黑阮玲玉，但“私刻张氏之图章”，则确有其事。

阮玲玉曾攒了二十万元的积蓄，用以孝敬母亲，这是件好事，坏就坏在当时她为了图方便借用了张达民的户名，更糟糕的是，两人分手时，阮玲玉不想与他纠缠，为避免节外生枝，竟私自刻了张达民的图章将钱取走。小小的图章，成为阮玲玉悲剧的导火线，本来想避免麻烦，不料却惹来事端，一失足成千古恨，叫张达民给拿住把柄。

事已至此，软弱又好面子的阮玲玉还想着忍让迁就，但唐季珊忍无可忍了，他先下手为强把张达民告上法庭，斥其虚构事实妨碍名誉。

如果只是这样，唐季珊算是有情有义，自己的女人遭人泼了脏水，愿意挺身维护。但随后，他竟要求阮玲玉登报声明，自己和她并无经济往来，各自独立。如此一来，不难发现唐季珊的举动并非是在保护阮玲玉，而是撇开自己的关系，防止别人朝她泼来的脏水溅到他的身上。

危难之际，划清界限比袖手旁观更让人心寒。唐季珊不是不知道这样会置阮玲玉于孤立无援之地，他只是不在乎，不在乎她是否痛苦。对于阮玲玉而言，他的出现，曾经看似是一场救赎，然而这个“救世主”，却与他人一样，毫不怜惜地将她推向深渊。

爱人，还是凶手？

张达民、唐季珊、阮玲玉的三角官司引得流言四起，这其中牺牲最大的，必然是阮玲玉。唐季珊出人意料败诉后，张达民更是得寸进尺，状告阮玲玉“侵占财物、伪造文书”，同时自称与阮玲玉是夫妻，控告她和唐季珊通奸。最狠毒的是，这次他提起了刑事诉讼。

当时，民事诉讼中，被告不必亲自出庭，可委托律师办理。而刑事诉讼中，被告必须到庭，且每次庭训结束以后，还必须“庭谕交保”。所谓“庭谕交保”，是指被告必须找一间店铺担保下次传讯准时到庭。除了必须准时出庭，被告还得站到审判台右角一个高及胸口的木桶里。

张达民此举，就是为了报复阮玲玉，光天化日下叫她难堪。害得阮玲玉名节不保，遭众人非议，除了让张达民出一口气外，对他是没什么实质性好处的，那么他这样狠毒决绝又是为何？

原来，电影《新女性》公映后，引起巨大轰动，不仅让女主角的扮演者阮玲玉出尽风头，还抨击了喜欢无中生有胡编乱造的这类记者。观众在看过影片后，开始强烈地声讨和抵触记者。记者协会的人咽不下恶气，在攻击《新女性》无果后，把矛头对准了阮玲玉，企图拿私生活混乱和桃色新闻说事，指责其不该扮演“新女性”，将一个手无缚鸡之力的弱女子推向了风口浪尖。也就是在这些小报记者的怂恿之下，张达民才变更了诉讼请求和类别。

曾经爱得轰轰烈烈，到头来闹得鱼死网破，美好的感情让人难忘，但若是那份美好已然逝去，至少我们应该潇洒地转身离去，何必如此叫人难堪？

1935年2月27日，法院首次开庭审理此案。阮玲玉称病没有出庭。旧社会出了这档子事，看客们少不了要来凑热闹，那些大批前来围观阮玲玉“站木桶”的人，谁也不在乎这个女人是不是被诬陷，他们巴不得她不是清白的。

新闻业更是将此事炒得沸沸扬扬，各类报纸纷纷打出“同居”“通奸”“艳闻”这样的字眼来博取大众的眼球，把标题写得乌七八糟不堪入目。看笑话的看笑话，泼脏水的泼脏水，大家各得其乐，谁也不会对这个柔弱的女人有半分隐恻之心。

世界就是这样，你不对自己狠，别人就会对你狠，你只有对自己狠，才轮不到别人对你狠。这里所说的对自己“狠”，与阮玲玉后来自杀行为完全是两码事。自杀需要极大的勇气，对死亡无所畏惧才能付诸行动。可是，死，又有什么好难的？常言道“一了百了”，有谁道“一活百了”？

性格软弱是悲剧根源，但不是唯一原因。陷入这样难堪的状况时，竟没有一个人能始终坚定地站在阮玲玉的身边，陪她共同面对，陪她乘风破浪。昔日两情相悦的初恋情人如今与她反目成仇，曾经如胶似漆的同居男人如今与她划清界限，母亲或许能体恤她一点，却终究给不了她多少支持和依靠。

《挂名夫妻》的导演卜万苍曾这样评价阮玲玉：“她像永远抒发不尽的悲伤，惹人怜爱。”相由心生，自来到这个世界后，她心里多半是苦的，太多苦浮在了脸上，变成了一抹隽永的哀愁。

独自一人撑得太久，阮玲玉已痛入骨髓，而另寻新欢的唐季珊，更是让她心如刀绞。

唐季珊的新欢梁赛珍，基本上算是阮玲玉的闺密了，两人既是邻居又是好友，关系颇为亲密。当发现自己的爱人与闺密同时背叛自己，也就意味着同时失去了爱情和友情，这让本来就心力交瘁的阮玲玉更加肝肠寸断。爱过的两个男人，最后都以这样卑劣不堪的手段对待她。她还能一个人撑多久……

1935年3月7日，阮玲玉和唐季珊共同出席黎民伟家中的晚宴，在晚宴上，她并无反常地与众人谈笑，分别时，还给每一位同事送上一吻。谁也没有料到，这是阮玲玉留给他们的最后一吻。之后阮玲玉与唐季珊去了上海著名的扬子舞厅，跳完最后一支舞，回到家中，她服下了三瓶安眠药。

若说是张达民将阮玲玉逼上了绝境，那唐季珊的罪恶，并不比张达民少。他明明可以将她从绝境上救回来，却一拖再拖，终于拖到了无可挽救的地步。

阮玲玉服药时间是3月8日午夜两点左右，差不多是在半小时之内被发现，当时家中已有汽车，如果及时被送去正规的、条件较好的医院，是不至于失去生命的。然而，当唐季珊发现阮玲玉服药后，首先想到的不是立刻救人脱险，而是如何保全自己的颜面。人命关天的道理唐季珊不会不懂，但阮玲玉的命，在他心中不比自己的面子大。想必阮玲玉无论如何也想不到，自己曾掏心掏肺爱过的男人，竟能薄情寡义到这般令人胆寒的地步。

他没有把阮玲玉送到位于唐家附近，当时医疗设备最完善的广仁医院或诺尔医院，而是将她送到了一个偏远的私人医院，因为这样可以不为熟人所知。一路颠簸来到这家日本人所开的医院，才发现这里夜间不安排值班医生。唐季珊带着服药已两三个小时的阮玲玉，从偏僻的四川北路兜转到了黄河北路的一家私人诊所。由于当时阮玲玉自身情况十分危急，那家诊所的设备又不够完善齐全，所以医生不愿冒风险为她治疗。

事到如今，唐季珊才致电给联华经理黎民伟求助。黎民伟清楚地认识到事情的严重性，坚持让他将阮玲玉送到一家设施完善的正规医院——中西医疗养所。而这时，已经接近中午了，距离阮玲玉服药已过十几个小时，哪怕神医转世，也无力回天了。

令人绝望的爱情

阮玲玉自杀的消息轰动了整个上海，一代佳人香消玉殒，有人惊愕，有人惋惜，有人愧疚，有人害怕……

随后，唐季珊先后向社会公布了阮玲玉的两封遗书：

（一）致外界

我不死，不能明我冤。我现在死了，总可以如他心愿；你虽不杀伯仁，伯仁由你而死。张达民我看你怎样逃得过这个舆论；你现在总不能再诬害唐季珊，因为你已害死了我啊。我现在一死，人们一定以为我是畏罪。其实，我何罪可畏？因为我对于张达民没有一样对他不住的地方，别的姑且勿论，就拿我和他临别脱离同居的时候来说，还每月给他一百圆。这不是空口说的话，是有凭据和收条的。可是他恩将仇报，以怨报德，更加以外界不明，还以为我对他不住。唉，那有什么法子想呢！想了又想，惟有以一死了之罢。唉，我一死何足惜，不过，还是怕人言可畏，人言可畏罢了。

阮玲玉绝笔廿四、三月七日

（二）致唐季珊

季珊：我真做梦也想不到这样快，就会和你死别，但是不要悲哀，因为天下无不散的筵席，请你千万节哀为要。我很对你不住，令你为我受罪。现在他虽这样百般地诬害你我，但终有水落石出的一日，天网恢恢，疏而不漏，我看他又怎样地活着呢。鸟之将死，其鸣也悲，人之将死，其言也善；我死而有灵，将永永远远保护你的。我死之后，请代拿我之余资，来养活我母亲和囡囡，如果不够的话，请你费力吧！而且刻刻提防，免她老人家步我后尘，那是我所至望你的。你如果真的爱我，那就请你千万不要负我之所望才好。好了，有缘来生再会！另有公司欠我之人工，请代我收回，用来供养阿妈和囡囡，共二千零五十圆，至要至要。另有一封信，如果外界知我自杀，即登报发表，如不知，请即不宣为要。

阮玲玉绝笔廿四、三月七日午夜

第一封遗书公布后，群众舆论的矛头顿时指向新闻界，众人认为，阮玲玉是不堪新闻记者、杂志报刊大肆恶意渲染她和张达民的官司以及她的私生活，才最终选择结束生命来永远逃避流言蜚语的。

阮玲玉死后两个月，鲁迅在《太白》半月刊第二卷第五期中发表了一篇名为《论“人言可畏”》的文章，其中写道：

> 小市民总爱听人们的丑闻，尤其是有些熟识的人的丑闻。上海的街头巷尾的老虔婆，一知道近邻的阿二嫂家有野男人出入，津津乐道，但如果对她讲甘肃的谁在偷汉，新疆的谁在再嫁，她就不要听了。阮玲玉正在现身银幕，是一个大家认识的人，因此她更是给报章凑热闹的好材料，至少也可以增加一点销场。读者看了这些，有的想：“我虽然没有阮玲玉那么漂亮，却比她正经”；有的想：“我虽然不及阮玲玉有本领，却比她出身高”；连自杀了之后，也还可以给人想：“我虽然没有阮玲玉的技艺，却比她有勇气，因为我没有自杀”。花几个铜元就发现了自己的优胜，那当然是很上算的。但靠演艺为生的人，一遇到公众发生了上述的前两种的感想，她就够走到末路了。所以我们且不要高谈什么连自己也并不了然的社会组织或意志强弱的滥调，先来设身处地的想一想罢，那么，大概就会知道阮玲玉的以为“人言可畏”，是真的，或人的以为她的自杀，和新闻记事有关，也是真的……

“人言可畏”四个字，多少年来一经提起，人们总是不由自主地想到阮玲玉。第二封留给唐季珊的遗书完全不似阮玲玉本人的口吻和心态，不少熟悉她的朋友都怀疑这是唐季珊所伪造的，可谁又想得到，这两封都在指责张达民并替唐季珊开脱的遗书，竟然全是唐季珊指使梁赛珍的妹妹梁赛珊所写的！

令人发指的真相，在整整六十六年后，才被作家沈寂找到踪迹。

沈寂在查阅研究浩瀚的历史资料中意外发现了一份于阮玲玉逝世不久后出版的《思明商学报》，上面刊登着两封阮玲玉遗书。根据沈寂的研究，无论是从文笔、语气和心态来看，这两封遗书都比唐季珊公布的那两封要真实可信很多，可以确认这才属于阮玲玉的亲笔。

其一

达民：我是被你迫死的，哪个人肯相信呢？你不想想我和你分离后，每月又津贴你一百圆（当时一银圆的购买力相当于现在人民币40～50元）吗？你真无良心，现在我死了，你大概心满意足吧！人们一定以为我畏罪，其实我何罪可畏？我不过很悔悟不应该做你们两人的争夺品，但是太迟了！你不必哭啊！我不会活了！你也不用悔改，因为事情已到了这种地步。

其二

季珊：没有你迷恋××，没有你那晚打我，今晚又打我，我大约不会这样做吧！我死之后，将来一定会有人说你是玩弄女性的恶魔，更加要说我是没有灵魂的女性，但，那时，我不在人世了，你自己去受吧！过去的织云（即张织云），今日的我，明日是谁？我想你自己知道了就是。

我死了，我并不敢恨你，希望你好好待妈妈和小囡囡。还有联华欠我的人工二千零五十圓，请作抚养她们的费用，还请你细心看顾她们，因为她们惟有你可以依靠了！没有我，你可以做你喜欢的事了。我很快乐。

玲玉绝笔

第二封遗书中隐去的名字是那时候的当红歌舞明星梁赛珍，其妹妹梁赛珊伪造了唐季珊所公布的两份遗书后，姐妹俩良心发现，在《思明商学报》上公布了真实的遗书，可惜这份报纸的阅读量和印刷量都非常小，因此真相被淹没了许多年。所幸，阮玲玉离开后，唐季珊出于愧疚或是迫于舆论压力，赡养了她的母亲，也抚养了她的养女。

导致阮玲玉对这个世界绝望的直接原因，两封遗书里表达得非常清楚。阮玲玉不畏人言，她只是被曾经深爱过的两个男人伤害得太彻底。孤独、凄冷的童年阴影挥之不去，她用尽一生去寻找温暖和给予温暖，到头来这两个男人却把她对人世间所有温暖的期望完全抹灭。

一如水能载舟亦能覆舟，爱情，可以拯救一个人，也可以毁灭一个人。

温暖和安全感，终究要靠自己给予。爱情不是一场救赎，爱人亦不是拯救者。渺小的我们存活于浩瀚的世界里，可以互相取暖互相依靠，但每一个人都是单独的个体，如果失去了别人的温暖与善意，我们仍要尊重和善待自己。

PART 10

周璇

生命在歌声中怒放

精神上的打击，不会比身体上的打击好受，也不会比身体上的打击更容易治愈。曾经将一切看得那样透彻，活得那么淡然的周旋，还是钻进了牛角尖。有时候人们不是败给了世界，而是输给了自己。

周　璇

/

不幸的开始

20世纪30年代，一首《五月的风》吹遍了整个大上海，而这首歌曲的演唱者就是周璇。她悠扬轻柔的嗓音受到了“如鸣金笛，沁入人心”这样的高度赞誉。

常常听说，人生来就是要受苦的。年少时因功课繁重、情窦初开等吃的那点苦，与长大后需要承受的苦，完全是小巫见大巫。许多人都是等到成年和离家后，才明白生活不易，明白儿时不曾懂的大人的一声声叹息。

但世上还有这样一些孩子，他们的苦难，他们的叹息，或许连大人都难以体味。儿时的周璇，便属于这一类孩子。

1920年农历八月初一，江苏常州的一户人家迎来了一个新生命，他们给这个女婴取名为“璞”。璞，意指未经雕琢的玉石，表达了父母希望女儿即使身处凶险肮脏的社会，亦能拥有返璞归真的纯净本质。无巧不成书，多年后，早已忘记自己本名的苏璞，改名为周璇，仍有美玉之意。

1923年，周璇被抽大烟的舅舅拐骗，卖与一家王姓人家，随着王家夫妇的离异，周璇又被转送给上海一户姓周的家庭。周家男人名为周文鼎，在上海英租界的工部局里任职翻译，本身已有家室，又与二流女歌唱演员叶凤珠同居。俗话说养儿防老，一直没有孩子的叶凤珠为了老了不至于孤苦伶仃，便收养了小周璇，给她更名为周小红。

中国民间有一个迷信说法：“女人属羊，一世遭殃。”周文鼎虽是翻译，懂得些西方文化，但仍是信了这些无稽之谈，对养女十分排斥，从来都是冷眼相待。无论小小年纪的周璇多么能干乖巧、听话懂事，总是讨不到养父的欢心，看不到他一个笑脸。

瘦弱的小身板，穿着破旧的不合身的衣服，大而有神的眼睛里却怯怯地观望着周遭，像一只担惊受怕的小兔子，小心翼翼地看着别人脸色生活——我的脑海中总是浮现着周璇被周家收养后的模样。环境造人，这种冷漠的家庭氛围，使得周璇养成了内敛、压抑和沉默的性格。

周文鼎通过努力奋斗一路高升，可他非但没有珍惜十多年来打拼的事业，反而如小人得志般地挥霍着金钱，抽喝嫖赌样样不落，脾气越加暴躁，稍有不顺就打骂家人，身为养女的周璇更是难逃养父的殴打辱骂，备受欺凌。

性情大变的周文鼎很快便被工部局辞退。丢了饭碗，他竟把罪责推到养女头上，怨她不吉利，为了赚钱，甚至打起了她的歪主意，想要背地里把周璇卖去妓院。周文鼎的恶毒心思被养母叶凤珠识破，她对这个不剩半分良心的男人不再抱有任何期望，毅然带着周璇离开了周文鼎。

相比之下，养母对周璇视如己出，母女俩的感情很是深厚。离开周文鼎时，叶凤珠已人老珠黄，她没法再去正经戏班登台表演，只能靠去酒店和旅馆卖唱讨生活。

即使日子过得艰难，在尚且勉强维持温饱的情况下，叶凤珠还是从辛苦赚来的钱里省出来一部分，在周璇八岁那年，送她去了宁波同乡会设立的第八小学念书。后来，周璇在《我的所以出走》里写道："我的求学费用以及日常生活所需，都是养母辛勤地劳作得来的。我现在不至于成为文盲，完全是养母的培植，这一点，我是深深感激养母抚育之恩的。"

叶凤珠不仅让周璇接受到教育，还算是她的音乐启蒙老师。在偶尔发现了她的音乐天赋后，叶凤珠得空便教她唱歌，她的唱歌成绩在班上总是第一名。人心中的情绪积压得多了，就需要想方设法来排解，所以有时高兴了会大笑，压抑了会大叫，难过了会大哭。独自在家的时候，周璇喜欢用唱歌来舒缓和排解情绪。欢乐、痛苦、孤独，种种情绪通过歌声引出来，她天生一副好嗓子，乐感也很好，加之情绪饱满到位，唱出的歌自然动听。

尽管叶凤珠一直努力维持着母女俩的生计，后来周璇还是因经济窘迫不得不中断学业。就在小周璇对未来一筹莫展的时候，明月歌舞社的琴师章锦文偶然听到她的歌声，认为她很有潜力，大力推荐她报考明月歌舞社。

据明月歌舞社的创办人，近代著名音乐家黎锦晖回忆，1931年6月，周璇在章锦文的带领下来到正在招收新学员的歌舞班，开口唱了一段江苏民间小调，细腻悦耳的嗓音得到了黎锦晖的赞赏与鼓励，当即被歌舞班录取。

要想在某方面取得巨大成就，仅凭先天的资质是完全不够的，还需要以后天的勤奋锻炼来熟悉技巧和挖掘潜在的能力。周璇日后的成功，不单因为天资过人，她付诸于事业上的努力更是功不可没。

一个才十岁出头年纪的小女孩，每天清晨早早起来练习声乐，下午等先进社里的演员一弹完琴，就赶忙去练钢琴，到了深夜，还要背台词。天底下没有白吃的午餐，可也没有白吃的苦头，短短数月，周璇的音乐和舞台表演的能力突飞猛进，很快迎来了人生中一个关键的转折点。

1932年，明月歌舞社的新年演出中一台名为《特别快车》的戏即将开演，但主演王人美不能保证准时赶来出演，社里的人急中生智，推举周璇代替王人美做主演。十二岁的周璇，在这样仓促的条件下，步履轻盈地走上舞台，用她优美的舞姿和悦耳的歌声，为自己赢来了一阵阵如雷般的掌声。由周璇演唱的歌曲《特别快车》，也被制成了唱片，这是她人生中的第一张唱片，是她作为一颗演艺新星的标志性起点。

日本发动“一·二八”事变后，艺术界涌现出大量爱国主义作品。由周璇演唱的《民族之光》点燃了人民的爱国激情，黎锦晖也被她的歌声所感染。尤其是那句“与敌人周旋于沙场之上”，每次唱到这一句，台下的人们总会情不自禁地跟着呼喊：“周旋！周旋！与敌人周旋于沙场之上！”于是，知名度与日俱增的周小红，便更名为周旋，当她后来涉足电影圈时，经人提议，又将“旋”改为“璇”。

随着有声电影的问世，歌舞社的许多演员都开始去拍电影，明月歌舞社在人员严重不足的情况下无奈地解散了。明月歌舞社解散后，曾在社里做歌舞演员的严华，组织起一些暂时没有工作的朋友，一起筹集资金，成立了新月歌剧社。工作无着落的周璇进入了这个规模较小的歌剧社，继续从事歌舞艺术表演。

近两年的舞台经验，使天赋异禀、勤奋刻苦的周璇在歌唱和表演方面的功力日渐深厚。十四岁那年，在上海的一次歌星评选活动中，周璇一举夺得第二名，仅落后于第一名白虹五十票。黄浦江边传遍了她的歌声，整个上海都陶醉在她“沁入人心”的嗓音中。

又是两年后，年仅十六岁的周璇不仅只是“歌后”了，她还初涉银幕，参与了电影《风云儿女》的拍摄。尽管先后加入的新月歌剧社和新华歌剧社都已解散，周璇还是找到了事业上的新出路。1935年6月，她进入艺华影业公司，成为了一名电影演员。从年初到年末，1936年这一年里，周璇一口气拍下了《花烛之夜》《化身姑娘》等五部影片，完全称得上是一名敬业的高产女演员。

1937年，周璇成为艺华影业公司的台柱子，是影视和歌坛双向发展的两栖明星。她是那个时代的票房保障，但凡有她参演的电影，票房一定不会差。1937年的《马路天使》，让周璇名声大噪红遍全国，该片中《四季歌》和《天涯歌女》这两首由田汉作词贺绿汀编曲的插曲，成为周璇的代表作。

爱情敌不过流言

十二岁初入明月歌舞社时，比周璇大九岁的严华作为老师教她标准的普通话和发音。严华是北京人，有着北方男人特有的男子气概，教学上对周璇严厉有加，生活中却对她百般照顾。从小缺乏父爱的周璇，不仅把严华当作老师，更把他当成哥哥。

久而久之，渐渐长大的周璇对严华的感情已经不再属于兄妹之情的范畴，少女萌动的心在彼此你来我往的互动中起了微妙的变化。初开的情窦，一不留神便在周璇心中偷偷地发了芽。他重情重义的好，他细致体贴的暖，他严肃认真的勤，印在她眼里，烙在她心上，一点一点浇灌她对他的感情，一寸一寸加深她对他的喜爱。情窦初开的周璇，把在明月歌舞社和生活中的点点滴滴，以及她对严华的爱慕，全都记录在了一个黑色封皮的日记本上。

1936年春，明月歌舞社即将开赴南洋巡回演出以扩大声誉。得知这个消息，周璇既震惊又矛盾，当时的她已经离开了明月歌舞社。她没想到严华会离开上海走出国门，更不知道该如何表达她心中对他的爱恋与不舍，只是瞪大眼睛，呆呆地看着眼前的严华。

有时短暂的离别未必不是好事，因为严华的即将离开，周璇终于明白不能再把对他的感情深埋心底了，她下定决心要表明心迹。

然而，少女的羞怯让她无法当面对他开口，她把记满了生活点滴和心事的日记本递到严华手里，嘱咐他一定要上船后才能打开看。

南洋的航船出发后，严华疑惑地翻开那个黑色的本子，上面那些歪歪扭扭还有错别字的日记，多看一页，心里的波动就大一点，直到看见自己视为妹妹的女孩在纸上表露出的心迹时，他才恍然大悟，内心波涛汹涌。他看着海面，看着海的另一边的上海，恨不能长出一双翅膀飞回去，难以平复的心绪中，严华对周璇的态度无法掩饰——他也爱她！

自此，相隔重洋的两人开始频繁通信，用书信传达着对彼此的思念和爱意。恋爱中的周璇，日子过得甜蜜而恍惚。兴高采烈地取他的信，迫不及待地读他的信，心思拴在恋人身上，一想起他来就忍不住偷笑。

未能等到巡演结束，严华便提前回国见周璇。分隔两地时，写上数页的信也倾吐不完心里的话，近在咫尺时，心中千言万语却不知该从何说起，相见无言的恋人，唯有默默相望，紧紧相拥。

1936年秋天，周璇和严华订婚。1938年7月10日，两人于北平春园饭店举行婚礼。婚后不久，周璇便怀有身孕，夫妻二人赶回上海，没等养足精神，又开始为工作奔波。繁忙劳累的工作直接导致周璇流产，这给沉浸在做母亲的喜悦中的周璇沉痛一击。

小产一个月后，周璇身体还未完全恢复，但迫于老板的压力，撑着虚弱的身体，完成了电影《孟姜女》的拍摄。之后的一年，周璇如同拼命三郎一样，连续拍了七八部电影，银幕上的她妆容美丽，但卸妆后疲态毕露，通常需要靠注射药物支撑才不至累倒。

人红是非多。作为一对明星夫妻，周璇和严华成为媒体的关注焦点，两人公众或私人场合中的一举一动都会被媒体夸大其词肆意渲染，有时甚至无中生有凭空捏造一些丑事。今天这个小报说严华与某位歌女同进同出，明日那个小报说周璇跟谁谁关系亲密。尤其是当周璇拍摄《夜深沉》时，小报更是把她与她亲自挑选的男主角韩非的关系描写得不堪入目。

据说韩非曾在接受一家报社的采访时坦率地表示过："我到国华去拍《夜深沉》是周璇介绍的，我对她只有表示感谢的意思，哪里会有不好的心思？如果有这种事我还有什么面目见人？我岂敢拆散人家美满的家庭？我希望新闻界会替我有一个公正的表白。否则我太冤枉，也太侮辱周璇了！"

尽管韩非做出这番真挚坦诚的辩解，绯闻还是接二连三地出现。这样的报道的确满足了民众对明星隐私的窥视欲，也给一些人平淡如水的生活里加了点谈笑的调味料，但这些唯恐天下不乱的文字，却是导致一个家庭破裂的直接原因。

起初，周璇与严华被流言搅得心烦意乱，常常因此争吵不休。渐渐地，双方变得疲惫不堪。两个人在一起，就是为了开心幸福，当一段关系只剩下无尽的猜忌与争执，也无需再耗费心力维持下去了。

养父周文鼎去世后，周璇关于生母的线索也断了，绯闻让丈夫和自己互不信任，成天吵架，种种压力之下，周璇决定暂时离开这个感受不到一点温暖的家，带上行李住进了小旅馆。丈夫和养母本没有发现异常，但她迟迟不归家，叫人起了疑心。严华发现妻子的行李箱和积蓄都不见了，才知道她已经离家出走，养母立刻通知影业公司。影业公司在报纸上刊登了寻人启事，可依然没能找到周璇。

破碎的婚姻

精神上承受了太多负担的周璇，只想找个地方避一避，让自己静一静，理清头绪，想好未来的路该怎么走。气愤的严华在与朋友商议以后，找来律师上报登了一封偏激严厉的警告信。相爱容易相处难，严华与她相识多年，却因共同生活中出现的磕磕绊绊公开写出了这样抨击妻子的话：

据严华君委称：本人与周璇女士，自民国二十七年结婚以来，感情素极和睦。平时因周女士从事电影事业，颇有成绩，而本人经营商务，亦颇繁忙，故对其行动并不加以密切注意。不料日前下午，周女士忽不告而去，经查点后发觉所有银行存折贵重饰物，亦被席卷而去，事出突然，莫测高深，四处寻访，也不得要领。按本人几年来，栽培周女士不遗余力，方造成伊在歌咏及电影界今日地位，今竟不顾一切，事前亦无任何表示，骤然携物出走，显非夫妇间应有之行动，深恐受人愚弄，一误再误，自毁令誉，兹为顾全周女士个人幸福计，委请贵律师代表通告女士，于三日内向贵律师事务所接洽……

在报纸上看到这样的内容，周璇悲愤交加，悲痛欲绝的她企图服安眠药自杀，幸而及时被救。倘若救她的人再来得晚一些，人世间便又将失去一条青春鲜活的生命。或许是坚强得太久，她累了。这个时候的周璇，与阮玲玉相似，面对强悍无情的命运，她做了最坏最软弱的选择。

本属于家务事的婚变闹得满城皆知，周璇为维护自身形象，在各大报纸上发表《周璇启事》，反驳严华，道出婚后生活的不幸：

> 嫁后光阴，初尚以掌握中之绵羊视璇，寻至奴蓄而隶使，朝詈而夕扑，夫妇道苦，璇何忍言…… 偶或逢彼之怒，不第公然辱骂，益且当众施暴……严君重视床头之金十百倍于床头之人，其心已昭然若揭……

或许是被严华的公开警告信激怒，也或许是因为电影公司的介入，这份声明中，周璇措辞亦十分激烈。两人在报纸上说的这些话，都有夸张成分，很可能因气急还故意污蔑对方。后来周璇在《我的所以出走》里，措辞缓和了许多，她解释说离家出走并不是一时兴起，是深思熟虑后的决定，因为那个家已经不能给她所期望的生活了。

她在文中写道："然而好景不常……一切并非我所预料的那样，渐渐地，猜疑、诬蔑、诽谤，从四面八方向我袭来，我再也不能忍受了，因为我是人，我有自己的生命和尊严。经过思索，我终于选择了'娜拉'的道路，噙着泪水离开了家，离开了相处九年的丈夫。"

可见当时她发表的《周璇启示》中，有一定以牙还牙的成分。

严华后来在文章《九年来的回忆》里，无意间道出了一些除风言风语外，致使二人感情破裂的其他缘由：“由北平重返上海后，周璇加入了国华影业公司，我们二人的月薪（包括我作曲在内）450元。……（周璇）每年规定拍4部戏，每部戏的报酬是2000元。”

这些话透露出两人悬殊的收入差距，在经济上属于女强男弱型。严华说：“我历来主张节约，该用的用，不该用的坚决不用。你要在艺术上多下功夫，慕虚荣，讲排场，是不会有幸福的。”

各方面矛盾都开始突出的情况下，周璇意识到了自己必须做出选择，她写道：“我以为当美满的家庭不能获得，甜蜜的生活成为幻梦，而一种出人意料的痛苦紧紧压迫我的时候，我自然只好挣脱桎梏和恶劣的命运决斗，另觅新生之路了。”

如果当时两个人能冷静下来好好沟通，把内心的真实想法和感受告诉对方，那么即使不能继续做夫妻，也不至于撕破脸闹得沸沸扬扬，给外人留下话柄，也给彼此都留下心灵的创伤。

1941年7月23日，周璇与严华结束了为期三年的婚姻。两人分别在不同的地点签署离婚协议，并没有碰面。

离婚后周璇出演了《恼人春色》和《梦断关山》，期间《上海日报》发起选举“电影皇后”的活动，周璇一举夺得影后桂冠。然而，这位当之无愧的影后在得知这个喜讯后，发表了一则出人意料的启示：

倾阅报载，见某报主办的一九四一年电影皇后选举揭晓广告内，附列贱名，顾璇性情淡泊，不尚荣利。平日除为公司拍片外，业余惟以读书消遣。对于外界情形极少接触，自问学识技能均极有限，对于“影后”名称，绝难接受，并祈勿将“影后”两字涉及贱名，则不胜感激，敬希亮鉴，此启。

启示仅百余字，却将周璇淡泊名利的心境表现得淋漓尽致。婚变一事对她的打击非常大，此时的她只憧憬和追求踏踏实实的生活。对她而言，影后只是一个虚名，即使浮在云端，亦是高处不胜寒。荣誉过高，不一定是件好事。她渴望的，不过是能拥有寻常女子拥有的稳稳的幸福。

年幼与亲生父母失散，遭养父冷眼与嫌弃，险些被卖去妓院后与养母相依为命，与爱人相处九年最终分道扬镳，一段段苦涩的经历让周璇看透了人情冷暖。

透支一生的错爱

早在1937年，周璇拍完《三星伴月》后，就离开艺华影业，进入新东家国华影业公司。在国华的时期，周璇同样受到力捧，不仅参演了《孟姜女》《李三娘》《黑天堂》等多部电影，还演唱了这些电影中的多首插曲，如《百花歌》《歌女泪》《长相思》等。事业大红大紫的周璇，身心却愈加疲惫。

由于1942年正值敌伪时期，周璇不愿被日本人利用，宣布“息影”，一整年未参演电影。后来在由日本人控股的“华影”公司总经理张善琨的游说下，周璇义正言辞地表明：“拍戏可以，不过我不拍汉奸戏，不唱汉奸歌！”张善琨一口答应。

于是，直到1945年8月日本人无条件投降为止，两年内周璇只拍了四部影片。在华影拍的首部电影《渔家女》在上海反响剧烈，而第二部《鸾凤和鸣》却遇上了麻烦。该片其中一首插曲《讨厌的早晨》中，有两句歌词触犯了日本人，他们不仅要求改歌词，还打算把《大东亚共荣歌》加到以后的新片里去。周璇的表现十分有气节，仍是不畏强权，坚持着作为一个中国人的尊严：“汉奸电影我不拍，汉奸歌曲我不唱！”

1947年，周璇与石挥共同出演了黄佐临执导的电影《夜店》，第一次合作的两个人，其实早已认识了。周璇很欣赏石挥的表演才华，也被他亦庄亦谐的性格所吸引。然而一方面各自都忙于工作，另一方面或许因为彼此都有过不愉快的感情经历，面对可能的情感对象，内心充满矛盾，渴望的同时又恐惧重蹈覆辙，从而话语之间亦虚亦实，真假难辨，谁也不敢跨出朋友这层安全关系。

在《夜店》的拍摄过程中，周璇与石挥在朝夕相处之下拉近了距离，曾对爱情心灰意冷的她渐渐开始重新相信爱情，在因工作赴港拍戏之前，周璇与石挥匆匆订下婚约。到了香港以后，周璇听到关于石挥的消息，却几乎都是负面的。

具体事实难下定论，不过周璇的经纪人也不赞成她与石挥交往。拍完《清宫秘史》后，周璇请病假回上海与石挥见面。见面后两人关系并没有改善，性格差异、地域距离和风言风语，已在两人心里造成难以消除的隔阂。尴尬和郁闷的沉默过后，石挥一声叹息，转身离去。

感情上经历得越多，往往越难像当初那样勇敢去爱。未必是变得多么懦弱胆怯，只是曾经伤得太多太深，才会这般小心翼翼步步为营。然而，有时候千防万防，仍然防不了再次受伤。真正的爱情里没有谁能够毫发未伤地全身而退，只是有些人伤得轻，有些人伤得重，而朱怀德，让周璇伤得太彻底。

在香港拍戏时，周璇经由经纪人认识了朱怀德。这个商人戴着金丝边眼镜，温文尔雅的模样和绅士得体的举止给周璇留下了很好的第一印象。由于长期疲劳过度，精神上又承受着巨大压力，身心俱疲的周璇再次病倒在床时，朱怀德常去看望她，尽心尽力地帮助和照顾着她。周璇重情重义，朱怀德所做的这些，她看在眼里记在心里，感激之余，也渐渐对这个男人动了心。

1949年，周璇与朱怀德离开上海再赴香港。有时女人一旦爱了，也就不管不顾了，尽管两人还未结婚，周璇仍然与朱怀德开始了同居生活。直到这时，朱怀德才向她坦白自己有过婚史，他解释那桩婚姻是父母的安排，非本人所愿，后来双方都不愿继续忍受没有温情的家庭生活而选择离婚。周璇知道后不仅不生气，反而被他的真诚所打动，劝慰他不要被过去束缚，她自己也曾有过一段婚史。

恋爱中的女人大多不比平常时候聪明。若是周璇能冷静下来仔细想想，未必会不介意朱怀德的举动。两个人在一起以前，把自己的缺陷和不便之处告诉对方，再让对方决定是否愿意跟自己相处，这才是坦诚，才是真正替对方着想。像朱怀德这样先把周璇追到手，再透露自己曾有过婚姻，这样非但不是周璇眼里的真诚，反而是一种为达目的不择手段的欺骗。

然而，周璇依然全身心地将自己托付给了朱怀德，同居了一段时间，周璇发现自己怀孕了，当她喜不自胜地把这个好消息告诉朱怀德时，却未能留意到他不自然的笑容和若有所思的沉默。几天后，朱怀德告诉周璇，自己要去上海做生意，顺便与父母商量结婚事宜，并嘱咐她好好照顾自己和她腹中的孩子。

周璇纵然不舍，但转念一想，他毕竟是为了一家人以后能过上更好的日子而操劳奔波，便开始心疼起他来。早前周璇就认为朱怀德是个值得信赖的人，她毫不设防地把自己的一部分积蓄借给他做生意。在他去上海前，周璇又把大部分的积蓄拿出来支持他。

朱怀德走后三个月，周璇左等右等也没等到他的消息。由于工作缠身和孕期行动不便，她不能亲自回上海，只得写信跟上海的朋友打听朱怀德的消息，没想到却得知朱怀德在上海竟然以自己的名义向她的朋友借钱。周璇认识朱怀德时，他自称是绸布庄的老板，但朋友在信中告诉周璇，他只是绸布庄老板的亲戚而已。

虚伪的谎言和丑陋的真相，使有孕在身的周璇精神上不堪重负，不久以后便得了“精神分裂症”。1950年，周璇带着腹中八个月的胎儿回到上海，直到孩子生出来后，才找到了朱怀德。

无法逃避的朱怀德忙不迭地道歉，并遗憾地表示由于父母反对他与周璇的婚事，前妻又总跟他纠缠不清，为了不让她过度伤心影响孕体，他才躲得远远的不敢回香港。此时的周璇仍没有完全醒悟，对这个根本不爱自己的男人还抱有一线希望，天真的她认为既然孩子已经出生，以后一家三口好好生活重新来过，又有何不可？

很多女人对男人的要求并不高，她们索取得也并不多，然而，爱对了，一切好说，爱错了，要求再低要得再少，仍然半点爱怜也得不到。

就在朱怀德看过孩子以后，目光和态度瞬间冰冷，他竟直截了当地否认面前这个还在襁褓中的婴儿是自己的骨肉。在那一刻，心力交瘁的周璇完完全全被击垮了。她对着他的背影哭喊，嘶声力竭地告诉他孩子就是他的，一遍一遍地央求他去验血……他只是坚定地迈着步伐离开，再未回头。

女人常常天真得让人既生气又心疼。与严华离婚后，周璇在感情上防了又防慎之又慎，到头来筑得高高厚厚的感情围墙却被朱怀德短期内彻底攻破，几番温情的举动，几番忠恳的海誓山盟，周璇就把自己的人、心、财全都托付给他。

女人们常因为轻信而被欺骗。男人说要和你结婚，便满心欢喜，好像人家娶你是铁板钉钉的事，于是就认定这个男人了，不管不顾上赶着为他付出，最后等来的，往往只是一场空欢喜。

然而，女人若是什么也不信，太过精明，又不招人喜欢了。情场上的女人，若是既想为自己打算又不想太精明惹人反感，就得按捺住内心蠢动的情感，一面温柔地与男人相处，一面不动声色地暗中观察：观察他言行是否合一，观察他性格脾气如何，观察他怎么为人处世……这样耐着性子观察得久了，他是个什么样的男人，他对你的感情是虚是实是深是浅，也就不难看清了。

女人这一世，无论在情感还是事业上，傻气和精明，都要学会拿捏得恰到好处。既要傻得招人喜欢惹人怜爱，又要精得能够尽量保护好自己。

显然，周璇是一个不太精明的性情中人。关于她的绯闻，始终众说纷纭。朱怀德在巨大的舆论压力和政府的要求下，每月要支付孩子一定量的生活费，但即便是这样，他坚决不承认自己就是孩子的父亲。这不得不让人怀疑，在这件事情上，或许他是对的？据说，周璇在上海经济困难时，有人通过作曲家李厚襄寄钱周济过她。还有传言说周璇分娩时，在场的一位朋友一看到刚出生的孩子就非常讶异，觉得这个孩子和某某人长得十分相像。她所指的某某人，必定不是朱怀德了。

时隔多年，真相不得而知。这位坎坷一生的伟大女星已然离世半个多世纪，是或不是，即使探察出来个所以然，也没有意义了。

亲生父母始终没有寻到，期待的幸福已经化为泡影，所幸，上苍赐给了她一个至亲——她的大儿子，周民。可是第一次成为母亲的周璇，还是没能陪孩子度过一个幸福快乐的童年。在电影《和平鸽》的拍摄即将结束时，周璇失去了理智，精神彻底崩溃。

之后，她在那混乱癫狂的世界里，受了整整五年的折磨。五年来，除了吵着要见孩子时，其余时候她几乎都是沉默寡言。一旦抱着了孩子，她便生怕别人来抢一般地死死搂住。有时候还会半夜来到养母床边呼唤："亲娘，亲娘！"

这五年里，"验血""孩子""亲娘"等这些与她悲惨经历息息相关的词语，她总是频繁叫喊，若是别人无意间说到这些词，正巧被她听见，她又会立刻从默默无语变得疯癫起来。

精神上的打击，不会比身体上的打击好受，也不会比身体上的打击更容易治愈。曾经将一切看得那样透彻，活得那么淡然的周璇，还是钻进了牛角尖。有时候人们不是败给了世界，而是输给了自己。

精神错乱最严重的时期，一个叫做唐棣的男人出现在了她的生命里。唐棣自称与周璇相识于1951年8月，而这正好是周璇精神病发作期间。两人在这段时期内发生了关系，据当时的法律规定，如果一个正常人与一个精神病人发生性行为，要按强奸罪论处，所以1952年5月，唐棣被判处3年有期徒刑。而唐棣被判决后，人们才发现周璇已经怀孕。

关于唐棣，至今也没法准确断定这是个怎样的男人。有人认为他就是个乘人之危的骗子，对精神失常的周璇骗财又骗色，不仅侵占了周璇的部分财产，还对她做出了下流之事；也有人认为他是真心爱着周璇的，因为在周璇发病期间，他曾悉心照料过她。无论哪一个唐棣是真实的唐棣，他都无可厚非地成为周璇生命中最后一个男人。

1957年7月，周璇的病眼看着即将完全康复，厄运却再次降临，她突然患上了中暑性脑炎。医生及时救治后，周璇暂时脱险，然而仍是长时间昏迷不醒。同年9月22日，周璇静静地离开人世。

弥留之际，她定是不甘心的，未能寻到亲生父母，也未能陪伴着两个儿子幸福成长……她一生中有太多的遗憾，然而，就当这是解脱吧。泰戈尔在诗里写过：“世界以痛吻我，要我报之以歌。”

PART 11

赵一荻

爱情中没有输赢

赵一荻被张学良爱过，也必定被伤过，她必定因他而欢喜过，也必定因他而埋怨过，然而其中陈杂的各种滋味，她都接受了。所以每次跟别人提起赵一荻，在介绍她与张学良的关系之前，我总是告诉他们，这是一个爱得肆意潇洒，爱得圆满透彻的女人。

赵一荻 / 与君初相识

看了这么多年的娱乐新闻，我一直不明白，为什么人们那么热衷于给别人贴标签，比如你明明是个很优秀的律师，只因为你父亲是个著名的医生，别人对你的介绍词似乎永远都是“这是×××儿子”；比如你只是个三线小明星，只因为曾有个红到发紫的男朋友，娱乐新闻上提及你时一定要加上“×××前女友”几个字。

我不太喜欢这种捆绑式介绍，因而也不喜欢人们每次提及赵一荻，总是用“陪伴张学良一生的女人”来形容她。这是一位我十分欣赏的女性，她精彩的一生并非只是因为她陪伴了张学良一生。

她是天边的一抹彩霞，她是水边的一片荻花，她能把自己的爱情故事书写成一段传奇，只因她是勇敢、坚定、绝不盲目的赵一荻。

1912年5月28日，赵一荻出生于香港，故而母亲给她取名为香笙。她来到这个世界时，东方的海面上，天边浮着一抹彩霞，颜色瑰丽绚烂，父亲赵庆华遂又替女儿取名叫绮霞。无论是香笙还是绮霞，更多人记住的，却只是她的另一个名字——赵四。由于在家里的十个孩子中排行老四，家里人便唤她四小姐，外人则将姓氏加了上去，称为赵四小姐。

赵一荻祖籍浙江兰溪灵洞乡的洞源村，她的父亲赵庆华十三岁就从那里走出来，离家闯荡。在北洋政府时期，赵庆华曾任清邮传部主事，津浦、沪杭甬、广九等铁路局局长，在梁士诒为总理时，赵庆华任职交通部次长，除此之外，还曾任东三省外交顾问等职位。

在香港度过了童年后，赵一荻随父亲来到天津，先后于天津浙江小学和中西女子中学就读。天津中西女子中学在当时是著名的贵族学校，许多像赵一荻这样出身于权贵之家的小姐都在这所学校就读。她认真学习的态度和亲切温和的性情，使得许多老师和同学都喜欢和她亲近。

因为她的英文名为Edith，译音读作“一荻”，所以又得赵一荻一名。在她众多的名字里，我最喜欢赵一荻这个名字。字典里“荻”意为：“草本植物，生长在水边，叶像苇叶，秋天开紫色花。”

荻，也是一种多用途草类，对保护环境、景观营造、纺织制造和医药制造等都有贡献。她是张学良的一束荻花，充盈着他的生命，点缀着他的爱情，治愈着他的创痛。

其实论长相，赵四并非倾国倾城。与那些美艳绝伦的女人相比，单从外貌上看她是稍逊一筹的。不过她身材出挑，婀娜多姿，又会打扮自己，所以十四五岁时，便做过《北洋画报》的封面女郎。

赵一荻平常最大的嗜好就是读书，俗话说“腹有诗书气自华”，赵一荻的气质，能让人们忽略掉她容貌上的不足。其实女人最重要的，还是善良与气质。一个五分容貌但心地善良气质高洁的女人，毋庸置疑要比八分容貌但却蛇蝎心肠又俗不可耐的女人美上很多。

用“静如处子，动如脱兔”来形容赵一荻太贴切不过了。文静的她，爱看书；活泼的她，爱跳舞。20世纪20年代的天津，赫赫有名的蔡公馆之主蔡少基，做派西化，常在家中放电影办舞会，举行各种热闹的社交活动。赵一荻对蔡公馆向往已久，然而十六岁的她，还未满进入社交圈的年龄，所以家人总是不肯让她去。赵一荻不肯放弃，屡屡央求要去蔡公馆的姐姐们带她去见见场面凑凑热闹，姐姐们经不住她软磨硬泡，只得答应带上她一起去。

出入蔡公馆的太太小姐们，为了使自己更加出众，吸引到更多青年才俊，都刻意打扮过一番，衣着艳丽，妆容夸张。唯独赵一荻，十六岁的她粉黛不施，从容不迫，如同一阵清爽怡人的风，吹进了蔡公馆。

没有浓妆艳抹，没有矫揉造作，恰恰是她这种“清水出芙蓉，天然去雕饰”的美，让人眼前一亮，心驰神往。

场内的公子才俊们见惯了花枝招展的女人，看到清新脱俗的赵一荻后，尤为喜欢，纷纷邀她共舞，却都被她淡定地婉拒了。第一次来到正式的社交场合，赵一荻没有心花怒放地与男士们旋转于舞场，她反倒没有平常放得开了。在场的男男女女一对对在偌大的厅堂内笑着舞着，而她只是静静地坐在一处，品着茗茶，既像在观舞，又像在凝思。

忽然舞场内一阵骚动，一位英俊倜傥的青年军官，在一群副官和侍卫的陪伴簇拥下步入舞场。就在舞场的人群因他的到来而欢呼鼓掌的时候，赵一荻几乎是同时意识到，所来之人就是大名鼎鼎的张学良。

张学良，字汉卿，籍贯辽宁省的盘锦市大洼县东风镇。他是奉系军阀首领张作霖的长子，也是著名国民革命军将领，才貌俱佳，作为民国四大美男之一的他，被人们尊称为“少帅”。

赵一荻不止一次听闻过这位少帅的英勇事迹。他的威风凛凛，他的伟岸正直，在金戈铁马的动荡时代，是无数少女所仰慕与向往的。冥冥中仿佛已经注定，她拒绝了所有人的邀请，就是要等待那个与她的名字纠缠一生的男人。

纵使心中激动万分，赵一荻还是抑制住这份心情，仍是静静地坐在大厅角落里，细细打量着人们口中的大英雄。张学良是风流人物，阅女无数，无论是小家碧玉还是大家闺秀，抑或是艳丽的风尘女子，早已看惯。如今舞场上众人皆欢，唯独一个素面朝天、眉目清秀、身材颀长的姑娘，静悄悄地端坐在一角。

留意到这样一位与众不同的少女，张学良没有丝毫犹豫便阔步走到她面前邀她共舞，而这一次，赵一荻伸出了手，不再拒绝。赵一荻的心随着轻快的舞步欢喜地跳动着，可又难免生出一丝惆怅。尽管她不愿在意不愿多想这惆怅，事实还是摆在面前——让她动心的张学良，早在十五岁时便与长他三岁的于凤至成了婚。

这段舞因张学良公务繁忙而未能跳到曲终，然而两个人、两颗心的距离，却从此近了。当时彼此一见倾心的赵一荻和张学良，也许从没想过，再次相见后的七十二年里，他们再未离开过对方。

无路可退的约会

自从蔡公馆短暂一见，张学良与赵一荻，直到很久之后，才重逢于北戴河。

北戴河是河北省著名的避暑圣地，那个时代，每逢盛夏酷暑之季，京津的达官显贵人家便会去那里度假。就在忙碌已久的张学良来这里放松休息时，赵一荻也跟随家人出现在了北戴河。

这意料之外的久别重逢，使早就心系张学良的赵一荻备感欢喜，而张学良也早已对她有意，自然而然地，两人走到了一起。她念了这么久，等了这么久，终是被她等到了。赵一荻的爱情，之所以精彩，就精彩在她刻进骨子里的深情与坚贞，一见倾心，再见钟情，而后死别可以，断不生离。

然而爱得越深，她的处境也越来越难堪。他毕竟是有妇之夫，她年纪轻轻就当起了现在人口中的“小三”，无论如何，颜面上都是不够光彩的。

某次张学良来找她，见她不在，便直入卧室，他在她的床头，发现了一本日记，便拿起来不断翻看，心中感慨万千，情绪跌宕起伏，因为在这个本子上，赵一荻写下了太多对他的感情，其中有

再原谅自己曾经最钟爱的小女儿。赵一荻与父亲，是彼此心中永远的痛。

被断了后路的赵一荻，只能投靠张学良了，然而，沈阳的大帅府里，名正言顺的张太太于凤至，也态度坚决地将赵一荻拒之门外。

于凤至有苦处，赵一荻同样有苦处。张学良明白她的苦处，这个比自己小了十来岁的女孩，因为自己而步入这般进退维谷的境地，他不愿让她再受更大的委屈。面对于凤至的坚决反对，张学良也拿出了明确的态度，表明绝不可能让赵一荻离开沈阳。丈夫的坚定，让于凤至无奈退步，但在容忍了赵一荻存在的前提下，提出两个条件：赵四小姐一不能进帅府，二不能有名分。

于是赵一荻住进了张学良的北陵别墅，而于凤至，也开始面临着丈夫成日不归家的生活。

守得住，才叫幸福

于凤至眼看两人的感情越来越浓，深知这样下去事情很可能会不受自己控制，为了保住自己在家中的地位，她用私房钱买下并装修了位于大帅府东墙外王永江的那栋二层小楼，让赵一荻住下来，从此这栋小楼便被人们称为“赵四小姐楼”，而于凤至与赵一荻，两人还以姐妹相称。

搬进小楼后，赵一荻把卧室安置在位于东北角的一间屋子，她并没有选择那间阳光充足的南屋。因为，虽然这间潮湿阴冷的屋子不适合居住，可是在这里，她能够看到张学良在大青楼二楼办公室里的灯光。

隔着窗，望着光，赵一荻过着人生中最幸福的一段时光。爱一个人，但凡与他相关的事物，都能让人回味与铭记。在烟酒店看到他喜欢抽的那一种烟，在阳台上看到他晒着的格子衬衫，在书架上看到他最爱的一本书，这些物，因为与他有关，也变成了她生命中融于骨血的想念。

喜事与厄运，时常是相伴而来的。转眼赵一荻已经怀上了张学良的孩子，但没能在怀孕的喜悦中沉浸多久，她的背上，就长了一条痈疽，这种毒疮让她的一部分皮肤肿胀、疼痛、成脓，睡觉也只能侧卧。

被病痛日夜折磨的她，还要承受对家人的思念之苦，一时身体状况十分糟糕。为便于治疗痈疽，医生不止一次地劝过赵一荻放弃腹中的孩子。然而深爱着张学良的她，怎么可能会接受这样的提议？

腹中孩子有他的血脉，是他的骨肉，她怎可能舍弃上天赐予她与他的，最好的礼物。

就这样，赵一荻咬着牙坚持到了第七个月，张闾琳，这个酷似张学良的孩子——赵一荻与张学良唯一的儿子，终于降临人世。

这世间有太多的疼痛折磨着我们，无论你伟大还是平凡，善良还是邪恶，高尚还是卑鄙，都逃不开或这或那的厄运，上天把厄运撒向人间，尽管分布不均，仍然无人幸免。所幸，上天在折磨我们的同时，又赐予了我们爱与被爱的权利。爱或被爱，都是抚慰人精神或躯体的良药。赵一荻为病痛所折磨，却又被自己对张学良的爱以及张学良对她的爱，而治愈着。

1936年12月12日，张学良和杨虎城将军率部发动了“西安事变”。“西安事变”后，张学良写下手谕，将东北军交予王以哲代管，同时为防发生不测，吩咐参谋长在他离开西安送蒋介石夫妇回南京后，立刻送赵一荻母子前往香港。12月25日下午，张学良护送蒋介石夫妇飞离西安，然而后来蒋介石背信弃义，软禁了张学良很多年。

软禁张学良期间，于凤至和赵一荻被允许与之同住。两个女人达成共识，每人每月轮流陪伴张学良。这时，赵一荻与张学良的独子张闾琳年龄尚小，需要母亲长时间的陪伴与照顾。于凤至不忍孩子这么小便缺失母爱，便说服她回到上海安心抚养幼子。

之后的三年幽禁时光，于凤至一直过着舟车劳顿的奔波生活，病痛日渐严重。为减轻她的负担，让她先去治疗乳腺癌，张学良向军统局局长戴笠申请由赵一荻来照顾自己，该提议获得了蒋介石的批准。

1940年2月，于凤至去美国就医并定居于美国。赵一荻将十岁的儿子送到美国，托付给一位可信赖的朋友抚养后，来到当时张学良被软禁的地点——贵阳修文县阳明洞。自此，她寸步不离地伴随他度过了那段漫长的幽禁生活。

1964年，于凤至主动与张学良离婚。离婚原因有很多种说法，一说是为了张学良的宗教信仰，因为1955年张学良皈依基督教，但基督教提倡一夫一妻，所以，与张学良分别二十四年未见的于凤至决定退出，把妻子的位置让给伴随他左右的赵一荻。这个说法我并不认同，若真是仅仅关乎宗教问题，为何于凤至要在张学良皈依基督教近十年后才在离婚协议书上签字？

另一种说法是，蒋方等人为断绝张学良在美国的后路，利用政治手腕胁迫于凤至与张学良离婚。于凤至在回忆录中表示过：“我思考再三，他们绝不肯给汉卿以自由。汉卿是笼中鸟，他们随时会捏死他，这个办法不成，会换另一个办法。为了保护汉卿的安全，我给这个独裁者签了字。但我要向世人说明，我不承认强加给我的、非法的所谓离婚……”

还有一种说法，认为于凤至同张学良离婚，是对赵一荻和张学良的成全，也是对赵一荻几十年来照顾张学良的感谢。或许第二种和第三种的原因都有吧，作为妻子，于凤至也是不易。为张学良，她已经付出了自己能够付出的一切，所以即便不离婚，也算不得她自私狭隘，可到底，她还是离了，无论被迫或者自愿，至少对自己，对张学良，对赵一荻，都好。

1964年7月4日，宋美龄等十三人在台北出席参加了张学良与赵一荻这场庄重的婚礼。与张学良相守三十余载，已年过五十的赵一荻，终于不用再以私人秘书的身份伴随张学良，成为名正言顺的张太太。

年岁越长，越能发现生活的不易。太多心酸哀苦，太多悲欢离合围绕着我们与他人，仅仅是能留在彼此身边，都已感恩不尽。

长期的幽禁生活中，两人成为虔诚的基督教徒。信仰，让人有了支柱，有了希望。精神有了寄托，日子也就不那么难挨了。对普通人而言，信仰未必一定要从宗教中寻找。曾看过一句话，深以为然——“我信仰我心所向”。爱一个男人爱到骨子里，这男人便成了你的信仰；坚定地奉守一则条规，这条规也就成了你的信仰。于赵一荻，耶稣是她的信仰，张学良，更是她的信仰。

相比张学良而言，赵一荻的身体要差许多。她孕期曾患过痈疽，又骨折过，因长期抽烟肺部出现癌变而切除了半边肺叶，病痛始终折磨着晚年的赵一荻。

2000年6月22日早晨，张学良坐着轮椅来到赵一荻病床边，他握着她的手，唤着她的昵称，而无法说话的她，看着这个自己爱了一辈子的男人，这个自己这辈子唯一爱过的男人，看着看着，昏昏而睡……

11点11分，赵一荻离世，此前张学良始终握着她的手，而她走后，依然又握了许久。他默默地坐在轮椅上，默默地看着这个自己爱过也负过的女人，默默地哭了很久很久……

PART 12

上官云珠

所有的坚持，都是因为热爱

韦然说过：『我妈妈这一辈子，几次婚姻都是为了演戏，就是要演戏，为了演戏真是可以什么都不要了。』当初，她若是安分守己地留在张大炎身边，做个普普通通的妻子，过着平平淡淡的日子，也许生活完全是另一番景致。

上官云珠 / 待到芙蓉花开时

1920年3月2日，江苏江阴长泾镇上的韦亚樵，迎来了他的第五个孩子。而这个被他取名为韦均荦的小女儿，也就是日后耀眼夺目的表演艺术家上官云珠，她为这世上的美，添上了一抹别样的色彩。

母亲金贵凤只为韦家添了一个男丁，盼着以后还能再有几个儿子，便唤上官云珠为小弟，亲友们和街坊邻居也跟着这样叫，日子长了，韦均荦这个生涩拗口的本名渐渐被人忘记。人们只管“韦小弟、韦小弟”地叫着她，偏巧这个如花似玉的女孩面貌比别家女孩姣好，性格却大胆豪放，比她们多了几分男孩子气。

上官云珠自小就活泼，爱听家乡戏，更爱唱家乡戏。据她的长子张其坚说：“我妈妈在小时候，在长泾的时候，大家都觉得她是一个很会表演的小孩。在学校里时，有演出她也去。”早在三岁那年，天真活泼的上官云珠就在舞台上扮演了狼外婆，当时轰动了整个长泾镇。

从小就知道自己喜欢什么，将来要做什么，想拥有什么样的生活的人，尤其幸运。著名美籍华人作家严歌苓说过：“写作对我来说是一种使命。那些故事我非写不可，我不写，这辈子我就白活了。”表演对于上官云珠，就像写作对于严歌苓一样，是生命中不可或缺的一部分。

像这样貌美大方，有着明确喜好的女孩，自然容易招人喜欢。与韦家隔着一条河的张家，在长泾镇上是颇有名望的大户人家。这家的少爷张大炎，与上官云珠的哥哥韦均寰是同学也是玩伴，时常到她家里串门。张大炎十七岁的时候，便爱上了小他九岁的上官云珠。张大炎毕业于刘海粟先生创办的上海美术专科学校，绘画功底强，专攻西洋画。上官云珠少女时代的千姿百态，都被他用画笔给描绘尽了。

读完了初小和高小，上官云珠离开长泾镇到上海五伦中学初中部就读。像她这样漂亮的女孩，走到哪里都不乏追求者，甚至遭到男生的欺辱。在屡次被一个高年级男生调戏后，上官云珠忍无可忍，用一块碎砖将他砸得头破血流。自知闯祸的上官云珠连夜逃回长泾的家，虽然事后得知那位男孩只是轻伤并无大碍，她还是离开了那所只待了三个月的学校。

到了十五岁，上官云珠进入苏州乐益女中初中部继续念书。张大炎为了追随她，也跑到乐益女中去教书。那时，还是学生的上官云珠住在堂姐夫张冀牖家，已为人师的张大炎，为与心上人同在一个屋檐下，凭着张家与张冀牖家很深的渊源，也住进了张冀牖家去，并出钱资助上官云珠读书。

上官云珠曾回忆：“那时我年岁尚小，还不晓得什么叫恋爱，只晓得他对我很好，我也对他很好。他比我大九岁，又是我大哥的要好同学、我的老师，所以就无所顾忌地天天和他一起玩。”

二十五岁的张大炎在过去几年里，不断被家人催婚，长辈们为他挑选的名门千金全都遭他一一拒绝。家里人渐渐急了，那个年代像他这么大的小伙子，当爹的比比皆是。就在大家怀疑他身心是否健康时，一个令人瞠目结舌的消息传来——河北街韦家那个野丫头韦小弟未婚先孕了，而她腹中孩子的父亲，竟然就是他们张家的少爷张大炎！

情到深处的张大炎与上官云珠，虽还未谈婚论嫁，却已行夫妻之事。没名没分的上官云珠好不惊慌，事情要是传出去，叫一个姑娘家以后怎么做人？张大炎的态度与她截然不同，他爱了她这么多年，等了她这么多年，本来两家门不当户不对，一般情况下，长辈们肯定不会同意这门婚事。没想到这孩子来得很是时候，生米煮成熟饭，两人正好可以马上成婚。

张家是显赫的大户人家，颜面一定要保住，尽管长辈们十分不快，但毕竟是自家孩子惹出来的麻烦，再怎么看不上那韦小弟，她肚子里怀着张家的子嗣，这是不争的事实，况且张大炎爱她爱得那样痴狂那样不顾一切，事已至此，只能点头应允。

1936年初夏，在长泾镇城隍庙旧址的商团礼堂里，十六岁的上官云珠，嫁给了二十五岁的张大炎。婚后没过几天张大炎就回到苏州乐益女子中学继续授课，他的小妻子则留在长泾镇河南西街的张

官云珠登上话剧舞台后，很快被新华影业公司老板张善琨选为新戏《王老虎抢亲》的女主角。而上官云珠，是著名导演卜万苍为她所取的艺名。

1940年6月21日，上官云珠在上海一份著名娱乐报纸上意外地看到了自己的名字，关于自己的那则新闻里，除了宣传即将开拍的《王老虎抢亲》外，还用“银海发现一颗新星”“艺苑新葩”等大量赞美之词形容她。那一瞬间，上官云珠仿佛感受到了光环之下耀眼的幸福。然而，变幻莫测的娱乐圈，岂是平常人能顺风顺水走得进去的？涉世未深的上官云珠没能在赞美中沉醉多久，便在报纸上看到了各种丑化她的娱乐新闻：“上官云珠看见水银灯就发抖”“新星未上镜洋相出足”……

心情跌落谷底的上官云珠，并不知道自己成为电影大亨张善琨和著名演员童月娟这对夫妻闹别扭的牺牲品。童月娟本是《王老虎抢亲》的原定女主角，因私事与张善琨发生争执后，赌气罢演。这让张善琨十分难堪，他也赌起气来，把女主角换成了新人上官云珠。身为明星的童月娟心有不甘，她找到张善琨，主动与丈夫言和，两人矛盾一化解，女主角自然还是由童月娟饰演。当时上官云珠初入演艺圈，比起已经有了名气的童月娟来说，票房少了保障，张善琨当然会放弃她。

作为上海电影节赫赫有名的人物，张善琨有一个称号——噱头大王，他善于炒作和制造新闻效应，这对上官云珠的演艺事业影响很大。二十岁的上官云珠从云端跌了下来，狠狠地摔了一大跤。而在她最需要安慰的时候，得到的只是丈夫张大炎的冷嘲热讽。张大炎对于上官云珠拍电影一事强烈反对，他需要的是一个贤良淑德的妻子，而不是光芒四溢总是需要抛头露面的女明星。妻子面前的绊脚石，在他看来是一桩好事，能挫挫她的锐气，最好把演艺这条路堵住，让她死了拍戏这条心，踏踏实实跟自己过日子。

然而，丈夫和家人的反对并没能让上官云珠放弃自己的梦想，相反，那些冷嘲热讽与反对声更加激励了她不屈不挠的个性。她对自己，对所有支持或反对她的人，对前途未卜的演艺之路，毫不含糊地说出了一句很有名的话："我一定要吃定这碗戏饭！"

不撞南墙不回头，是一份执着；撞了南墙还不回头，是一种深入骨血的热爱。

星途上的拦路虎没有吓倒上官云珠，她明白仅有天赋和热情是不够的，想要成为一名好演员，必须有扎实的表演功底。上官云珠报了各种培训班学习表演，还加入了天风剧社。

天风剧社由上海著名翻译家、剧作家姚克与著名电影导演费穆所创办。刚入社的上官云珠在姚克编写的《清宫怨》中只能跑龙套，演一个连名字也没有的宫女。然而，舞台上这个无名宫女，迅速就引起了姚克的注意。台下两人结识后，时常一起讨论演戏问题，上官云珠对风度儒雅的姚克，有了很好的印象，她的天赋和勤奋，也让姚克颇为欣赏。

妻子为了自己的梦想，奋斗着，忙碌着；然而，丈夫因与妻子聚少离多，失落着，寂寞着。

张大炎并不是小心眼，见不得妻子比自己成功。张其坚说过：

“母亲演戏他去看了，看了他半路就回来了，他知道看到我母亲演得好，当然他嘴里不会讲的。我体会他的心情就是这样，他知道越是演得好她更不牢靠了，这个老婆就更早地会离开他。”

上官云珠不是天上的风筝，没有人可以通过一根线牵住她。她是渴望飞向艺术天堂的鸟儿，而张大炎，是在地上遥遥观望的人。他爱她，却又不能因为爱，捆住她的翅膀。

一路演，一路爱

深入地学习了表演后，站上舞台的上官云珠，如鱼得水般发挥出自己日渐提高的演技。在和谢晋同台表演话剧《雷雨》时，她精湛的演出轰动了整个上海。但是，她和张大炎的婚姻，也即将面临着一场“雷雨”。

一天，张大炎为了弄清楚妻子平常与什么样的人相处，便去剧院观看《雷雨》，演出结束后，他看着妻子与姚克谈笑风生，而自己站在旁边插不上嘴，心里不禁酸楚苦闷。他明白妻子已是自己手中握不住的沙，于是索性放开了手。每当她外出演戏的时候，他就一个人喝着闷酒，再后来，直接搬去学校住，与上官云珠分居。

在舞台和丈夫之间，上官云珠义无反顾地选择了舞台。1943年5月，两人终于平静地签订了离婚协议书，张大炎带着他们的儿子张其坚，回到老家长泾。他们是彼此命中注定的那个人，命中注定要相爱，命中注定会分开。她能视表演如命，可他不行。他不奢望大富大贵，只求携手白头。

才华横溢且声名远扬的姚克，出身于名门世家，早年留学英美，译得一手好文章，写得一手好剧本。和他相处下来，上官云珠所获颇多。他对上官云珠的赏识和帮助，也使得她一步步靠近成功，开始走向朝思暮想的大银幕。

在与张大炎离婚前，姚克已经与英国太太离婚。与张大炎离婚后，上官云珠很快嫁给了姚克，婚后一年，生下了女儿姚姚。

有人认为，上官云珠是带着明显的目的接近姚克的，然而，凭着她的天赋，凭着她对表演的执着和身上那股韧劲儿，即使生命中不曾出现过姚克这样一位贵人，她同样能够在表演事业上走出一片广阔的天地。

上官云珠在1941年出演了人生中第一部电影《玫瑰飘零》后，又拍摄了《国色天香》《花月良宵》等多部影片。著名电影导演翟俊杰曾这样评价她："她就是吃戏饭的，她就是为做演员而生的，所以说她有一种灵气，她有一种演员的感悟……用行话来说就是，她朝那儿一站，她就是那个状态。"

何况，像姚克这样要相貌有相貌，要才华有才华，还与上官云珠性格爱好十分默契的男人，她会爱上，并不难理解。

嫁给姚克后的上官云珠，过上了幸福而充实的生活。事业上如鱼得水，婚姻中也与丈夫志同道合。然而，这一次的幸福，依然没能持续多久。于上官云珠而言，张大炎是铭心的初恋，是无法白头偕老的爱人，而姚克，是将她推向成功的贵人，是另一个不能白头偕老的爱人。

1944年年底，上官云珠赴天津等地巡回演出话剧，离开上海不到半年，正值壮年的姚克，认识了颇有姿色的吴雯，两人一拍即合，开始同居。回到上海后，上官云珠很快发现，丈夫已经背叛了自己。

三年前，上官云珠曾与姚克在一家咖啡馆里约会；三年后，还是同一家咖啡馆，但当初在这谈情说爱的两个人，此刻却是来协议离婚的。1946年初秋，离婚手续办好后，姚克去往香港，上官云珠仍然留在上海。

第二次婚姻失败后，上官云珠与推荐她出演《天堂春梦》的演员蓝马相爱过。蓝马在表演上很有才华，生活中却十分邋遢，但上官云珠十分注意个人卫生，所以蓝马这一缺点她尤其不能忍受。而且蓝马脾气火暴，有一次竟在后台动手打了她，至此，两个曾四次扮演银幕夫妻、七次共同出境的恋人，彻底地结束了关系。电影剧作家黄宗英如是说："蓝马这个人，是个好演员，可是生活上，不是蓝色的马，是很懒的马。所以我对蓝马的评论是：是个好演员，不是个好丈夫。"

曾经遇到你，曾经爱上你，曾经生活在一起，最后仍然只剩下自己——月老的红线能将两个人拴近，却无法将两个人拴紧。相爱只需天时地利人和，而相处，却需要理解、包容与体谅。

在感情的道路上，上官云珠越挫越勇，失败的感情经历没有磨灭她对爱情的渴望，一次偶然的重逢，她与旧友程述尧走到了一起。

程述尧，山东济南人，八岁时随父母迁居北京，他深受新思潮影响，思想较为进步。上海解放后，程述尧为文化局派遣，接管了兰心大戏院。

1950年解放初期，上官云珠在兰心大戏院表演话剧《红旗歌》时，意外发现该戏院的经理竟是旧相识程述尧。一方面故友重逢备感亲切，通过日渐亲密的相处，两人的情谊逐步从友情变成了爱情；另一方面，如果与程述尧在一起，上官云珠的演艺事业能更好地延续和发展下去。

勇敢追求爱情与事业的上官云珠，选择与程述尧开始第三段婚姻。同年3月19日，在《红旗歌》演出结束后的晚上，三十岁的上官云珠，与程述尧在兰心大戏院的二楼小客厅内举行婚礼。

敢爱敢恨，敢留敢走，上官云珠的感情，不为谁所困。有时幸福很简单，无非就是始终清楚地明白，自己到底要什么。

纵然辛苦，从不盲目

自1951年春天起，上官云珠依旧带着对表演的强烈热情来回串场演出，忙碌劳累得病倒多次，但这段日子里的她，却最快乐。她不仅一口气拍摄了《踩车曲》和《纺花曲》两部电影，还当选了当年召开的电影戏剧工作者第二届代表大会的执行委员。

同年5月13日，上官云珠为程述尧产下一子，取名韦然，小名灯灯。妻子温柔贤惠，上得厅堂下得厨房，家务操持得井井有条，还

的作者曹禺先生认可的演员。排练时，几乎所有演员都会受到曹禺先生的批评，唯独舒适和上官云珠例外，因此二人也被大家当作榜样来效仿。

拼搏一生，上官云珠成为事业上的赢家，但也因为劳累过度，失去了健康的身体。1966年，她被诊断出患有严重的气管炎和乳腺癌后不久，又查出患有脑癌。晚年的上官云珠，始终遭受着病魔和造反派的折磨。1968年11月23日凌晨3点，万念俱灰、身心再也无法承受半点痛苦的上官云珠，以跳楼的方式，结束了自己早已失去欢乐、希望和尊严的生命。

对于上官云珠，我的感触尤为复杂。她穷毕生精力和心血追求自己热爱的事业，这种精神是可敬的；她敢爱敢恨忠于内心自我选择的性格，是可叹的；她情路坎坷命运多舛的一生，是可怜的；她受苦于病痛受辱于恶人而自杀的结局，是可惜的……

韦然说过："我妈妈这一辈子，几次婚姻都是为了演戏，就是要演戏，为了演戏真是可以什么都不要了。"当初，她若是安分守己地留在张大炎身边，做个普普通通的妻子，过着平平淡淡的日子，也许生活完全是另一番景致。

有人为爱痴狂，有人为名痴狂，有人为利痴狂，而上官云珠，为戏痴狂。她的一生，有过多段爱情，享过很高的赞誉，得过不少利益，然而，这些在她的眼里，都是演戏馈赠给她的附属品，只要能演戏，这些附属品或有或无，并不重要。

水无色无味，爱喝水的人并不多，但它是谁也离不开的生命之源；汽水和可乐味道复杂爽口，喜欢的人不在少数，但却不能长期或过量饮用。生活同样如此。平凡的生活，意味着简单安稳，但却很容易枯燥乏味；精彩的生活，意味着有趣多变，但却充满风险。

也许每个人都是带着使命来到这个世界上的，只不过有的人发现了自己的使命，而有的人没有；有的人很早就发现，有的人很晚才发现；有的人认为这是上天交予他的使命，有的人认为这是自己赐予自己的使命……

人们对于上官云珠，有各式各样的理解，这些理解不论正确与否，对于生前和死后的她，都已不再重要。生前，有人说她受不了寂寞离不开男人，在我看来，她是一路演一路爱，她离不开的只是演戏，演戏才是她生命的主旋律，而她生命中的男人们，是在这段主旋律中的一段段插曲。

上官云珠和萧红，两个没什么关联的人，也有相似的地方。上官云珠演的戏精彩，萧红写的文精彩，两人的情史同样精彩，然而，尽管相比之下，人们对上官云珠的非议更多一些，但我依然更欣赏她，因为她始终清楚地明白，自己要的是什么。

死后，有人说她不过是为名为利为欲而存在的艳星，或许说这话的人，从没看过1965年由谢晋导演的电影《舞台姐妹》。该片中的上官云珠，客串一个人老珠黄的越剧女演员，没有一句台词。而仅有的几个镜头里，她整个面部所呈现出来的内心世界，已经胜过千言万语，单单那一个眼神，是一个为名为利为欲而存在的艳星，永远都无法传达出来的。

她孤独绝望地离开了这个冰冷残酷的世界，然而，舞台和银幕上那一句句被她灌入无限生命力的台词，一个个牢牢抓住人心的眼神、表情、动作，是她留给这世界不朽的礼物。

放纵也好混乱也罢，她孤注一掷地追求过，也得到过，她奋不顾身地盛开过，却枯萎了。她美得璀璨，美得惊心，美得惨烈。然而，这是她自己的选择，这也是由她自己的选择，而成就的人生。